Oliver Schonschek

Cybersicherheit – Ein Datenschutz-PRAXIS-Spezial

PRAXISLÖSUNGEN

Oliver Schonscheck

Cybersicherheit – Ein Datenschutz-PRAXIS-Spezial

- Relevante Bedrohungen ermitteln und vorbeugen
- Cyberangriffe erkennen und in der Krise kommunizieren
- Daten schützen und Sicherheit wiederherstellen

IMPRESSUM

Bibliografische Information der Deutschen Nationalbibliothek
Die Deutsche Nationalbibliothek verzeichnet diese Publikation in der Deutschen Nationalbibliografie; detaillierte bibliografische Daten sind im Internet über http://dnb.d-nb.de abrufbar.

Wichtiger Hinweis
Die WEKA MEDIA GmbH & Co. KG ist bemüht, ihre Produkte jeweils nach neuesten Erkenntnissen zu erstellen. Deren Richtigkeit sowie inhaltliche und technische Fehlerfreiheit werden ausdrücklich nicht zugesichert. Die WEKA MEDIA GmbH & Co. KG gibt auch keine Zusicherung für die Anwendbarkeit bzw. Verwendbarkeit ihrer Produkte zu einem bestimmten Zweck. Die Auswahl der Ware, deren Einsatz und Nutzung fallen ausschließlich in den Verantwortungsbereich des Kunden.

WEKA MEDIA GmbH & Co. KG
Sitz in Kissing
Registergericht Augsburg
HRA 13940

Persönlich haftende Gesellschafterin:
WEKA MEDIA Beteiligungs-GmbH
Sitz in Kissing
Registergericht Augsburg
HRB 23695
Vertretungsberechtigte Geschäftsführer:
Stephan Behrens, Michael Bruns, Jochen Hortschansky, Kurt Skupin

WEKA MEDIA GmbH & Co. KG
Römerstraße 4, D-86438 Kissing
Fon 0 82 33.23-40 00
Fax 0 82 33.23-74 00
service@weka.de
www.weka.de

Umschlag geschützt als Geschmacksmuster der
WEKA MEDIA GmbH & Co. KG
Satz: WEKA MEDIA GmbH & Co. KG
Druck: Elanders GmbH, Anton-Schmidt-Straße 12, D-71332 Waiblingen
Printed in Germany

ISBN 978-3-8111-7538-9

Inhaltsverzeichnis

Vorwort

Cybersicherheit als wesentlicher Teil eines neuen Datenschutzkonzepts

Liebe Leserin, lieber Leser,

Cyberrisiken, Cyberattacken und Cybersicherheit, diese Begriffe schienen früher etwas für IT-Nerds zu sein, für ausgewiesene Expertinnen und Experten der Informationstechnologie. Heute jedoch begegnen jede Bürgerin und jeder Bürger diesen Worten fast täglich: Ob sie in ihren bevorzugten Nachrichten-Kanälen im Internet und auf Social Media unterwegs sind oder ganz analog, wenn sie die Tageszeitung aufschlagen oder die Abendnachrichten ansehen.

(Bild: Oliver Schonschek)

Die Digitale Transformation lässt die Bedeutung von Cybersicherheit in Politik, Gesellschaft und Wirtschaft stetig anwachsen. Der Global Risks Report 2022 des World Economic Forum (WEF) hat ein eigenes Kapitel „Digital Dependencies and Cyber Vulnerabilities", das deutlich macht: **Cyberrisiken gehören zu den größten Bedrohungen für die Weltwirtschaft.**

Doch bei Cybersicherheit geht es um mehr als den Schutz vor wirtschaftlichen, finanziellen Verlusten durch Cyberattacken, es geht um uns Menschen. Das wird spätestens dann klar, wenn man an die Digitalisierung im Gesundheitswesen denkt, an Cyberangriffe auf Gesundheitseinrichtungen und medizinische Geräte, an Krankenhäuser, die nach einer erfolgreichen Cyberattacke zeitweise ihren Betrieb einstellen müssen.

Im Fokus vieler Cyberangriffe stehen die Ausspähung, die Veränderung und die Zerstörung von Daten, wodurch IT-Systeme und IT-Dienste gestört, Datenanalysen manipuliert, Entscheidungen beeinflusst sowie Maschinen und Geräte zum Ausfall gebracht werden. Erpresser-Viren, sogenannte Ransomware, verschlüsseln Daten, für die Entschlüsselung verlangen die Angreifenden ein Lösegeld. Zusätzlich drohen die Internetkriminellen damit, die Daten zu veröffentlichen, wenn kein Lösegeld bezahlt wird. Viele dieser Daten haben direkten oder indirekten Personenbezug, es können Beschäftigtendaten, Lieferantendaten, Kundendaten sein oder aber Maschinendaten, die sich mit bestimmten Personen in Verbindung bringen lassen.

Cyberattacken gefährden deshalb den Datenschutz und können zu einer Datenschutzverletzung führen. Der moderne Datenschutz in Zeiten der Digitalen Transformation kann nicht mehr über Cyberrisiken und Cyberattacken hinwegsehen. Vielmehr muss der Schutz vor Cyberangriffen und die Minderung von Cyberrisiken als elementarer Teil des Datenschutzes verstanden werden.

Die Datenschutz-Grundverordnung (DSGVO) fordert in Art. 32 DSGVO die Sicherheit der Verarbeitung personenbezogener Daten. Diese Verarbeitung erfolgt jedoch zunehmend in vernetzten Systemen und Diensten, im Internet oder in Verbindung mit dem Internet und damit im sogenannten Cyberraum.

Erfahren Sie deshalb jetzt, wie Cybersicherheit und Datensicherheit genau zusammenhängen, welchen Risiken personenbezogene Daten im Cyberraum ausgesetzt sind, wie Cyberangriffe zu Datenschutzverletzungen führen, welche Cyberrisiken eine besondere Bedrohung für den Datenschutz darstellen, wie Sie als Datenschutzbeauftragte oder Datenschutzbeauftragter an der Einführung und Weiterentwicklung Ihrer Cybersicherheitsmaßnahmen konkret mitwirken können und wie die Zukunft der Cybersicherheit aussehen wird.

Dieses Datenschutz-PRAXIS-Spezial möchte Sie dabei unterstützen, die Cybersicherheit umfassend als Teil eines neuen Datenschutzkonzepts Ihres Unternehmens oder Ihrer Behörde zu integrieren und gleichzeitig die Maßnahmen der Cybersicherheit auf Konformität mit dem Datenschutz hin zu überprüfen.

Ich wünsche Ihnen dabei viel Erfolg und spannende Erkenntnisse für Ihre so wichtige Arbeit im Datenschutz.

Ihr

Oliver Schonschek
Herausgeber

Autorenvita

Oliver Schonschek ist News Analyst, Journalist und Autor, der sich auf Sicherheit, Datenschutz und Compliance spezialisiert hat. Er schreibt für führende Medien, ist Herausgeber und Autor mehrerer Lehrbücher und wurde als einer der „Top 25 Global Thought Leaders and Influencers on Privacy", „Top 25 Global Thought Leaders and Influencers on Security" sowie mehrfach als Influencer und Media Leader für Technologien wie Blockchain, AI, VR/AR und Mobile Computing ausgezeichnet.

1 Cybersicherheit im Fokus des Datenschutzes

Datenschutzbeauftragte sind keine IT-Sicherheitsbeauftragten, und trotzdem müssen sie sich zunehmend mit Fragen der Cybersicherheit auseinandersetzen. Dabei geht Cybersicherheit über den klassischen technischen Datenschutz hinaus, Cybersicherheit gehört aber zum neuen technischen Datenschutz zwingend dazu. In diesem Kapitel wird deutlich, warum Cybersicherheit auch Gegenstand des betrieblichen Datenschutzes sein muss, was Datenschutz und die Anforderungen an den Schutz kritischer Infrastrukturen (KRITIS) gemeinsam haben und welche Hauptthemen der Cybersicherheit Teil des neuen Datenschutzkonzepts werden müssen.

1/1 Was Cybersicherheit und Datensicherheit bedeuten und wie sie zusammenhängen

1/1.1 Die Bedeutung von Cyber

Den Begriff **Cybersicherheit** hört und liest man inzwischen regelmäßig in der Tagespresse, fast täglich ist dort von **Cyberattacken** die Rede, also davon, dass die Cybersicherheit nicht ausgereicht hat.

Was aber ist Cyber eigentlich? Warum spricht man von Cybersicherheit und nicht einfach von IT-Sicherheit oder mit Blick auf den Datenschutz von Datensicherheit? Ganz einfach, weil es Unterschiede gibt.

Während die Begriffe Daten und IT geläufig sind, ist es das Wort Cyber nicht unbedingt. Die deutsche IT-Sicherheitsbehörde BSI (Bundesamt für Sicherheit in der Informationstechnik) definiert **„Cyber“** oder den **„Cyberraum“** so:

Der Cyberraum umfasst sämtliche mit dem Internet und vergleichbaren Netzen verbundene Informationstechnik und schließt darauf basierende Kommunikation, Anwendungen, Prozesse und verarbeitete Informationen mit ein.

WICHTIG

Im Gegensatz zur klassischen **IT-Sicherheit** geht es bei der **Cybersicherheit** also um vernetzte Informationstechnik und darauf basierende Kommunikation, Anwendungen, Prozesse und verarbeitete Informationen. Meist findet die Vernetzung über das Internet statt. Mit der Vernetzung und insbesondere dem Internet kommen neue Risiken, die die IT und die Daten bedrohen können. Hier kommt die Cybersicherheit ins Spiel.

1/1.2 Der Gegenstand der Cybersicherheit

Das BSI definiert Cybersicherheit als Erweiterung der IT-Sicherheit:

WICHTIG

Cybersicherheit befasst sich mit allen Aspekten der Sicherheit in der Informations- und Kommunikationstechnik. Das Aktionsfeld der Informationssicherheit wird dabei auf den gesamten Cyberraum ausgeweitet.

Unter Cyberraum versteht das BSI dabei „den virtuellen Raum aller weltweit auf Datenebene vernetzten bzw. vernetzbaren informationstechnischen Systeme. Dem Cyberraum liegt als öffentlich zugängliches Verbindungsnetz das Internet zugrunde, welches durch beliebige andere Datennetze erweitert werden kann".

Es geht also um alle IT-Systeme und Daten, die vernetzt sind, wobei die Vernetzung meist über das Internet erfolgt.

1/1.3 Der Gegenstand der Datensicherheit

Die im Datenschutz bekannte klassische Datensicherheit hingegen umfasst alle technischen und organisatorischen Maßnahmen zum Schutz personenbezogener Daten. Es geht um die „Sicherheit der Verarbeitung personenbezogener Daten", wie sie die Datenschutz-Grundverordnung (DSGVO) in Art. 32 DSGVO einfordert.

Die Datensicherheit soll insbesondere die Vernichtung, den Verlust, die Veränderung oder die unbefugte Offenlegung von beziehungsweise den unbefugten Zugang zu personenbezogenen Daten, die übermittelt, gespeichert oder auf andere Weise verarbeitet wurden, verhindern.

Damit dient die Datensicherheit auch der Gewährleistung dieses Grundsatzes für die Verarbeitung personenbezogener Daten: Personenbezogene Daten müssen in einer Weise verarbeitet werden, die eine angemessene Sicherheit der personenbezogenen Daten gewährleistet, einschließlich Schutz vor unbefugter oder unrechtmäßiger Verarbeitung und vor unbeabsichtigtem Verlust, unbeabsichtigter Zerstörung oder unbeabsichtigter Schädigung durch geeignete technische und organisatorische Maßnahmen („**Integrität und Vertraulichkeit**").

ACHTUNG!

Eine unzureichende Datensicherheit kann eine Verletzung des Datenschutzes zur Folge haben und Sanktionen der zuständigen Aufsichtsbehörde nach sich ziehen.

1/1.4 Zusammenhang von Cyber- und Datensicherheit

Reicht der Schutz durch die Cybersicherheit nicht, kann dies ebenso eine Verletzung des Datenschutzes nach sich ziehen wie eine unvollständige Datensicherheit klassischer Art. Unzureichende Cybersicherheit schafft es nicht, Cyberattacken aufzuhalten, zu erkennen und abzuwehren sowie die Folgeschäden zu verhindern. Dadurch geraten auch personenbezogene Daten in Gefahr.

Der Grund: Eine Cyberattacke ist ein Angriff auf ein oder mehrere informationstechnische Systeme im oder durch den Cyberraum, mit dem Ziel, die IT-Sicherheit ganz oder teilweise zu beeinträchtigen. Eine Cyberattacke unterwandert also die Schutzziele der IT-Sicherheit, die auch die Schutzziele der Datensicherheit sind, wenn sie sich auf personenbezogene Daten beziehen: Vertraulichkeit der Daten, Integrität der Daten, Verfügbarkeit der Daten und Belastbarkeit der Systeme und Dienste zur Verarbeitung der Daten. Werden diese Schutzziele nicht erfüllt, ist der Datenschutz verletzt.

WICHTIG

Da Cyberattacken immer häufiger die Ursache für Datenschutzverletzungen darstellen, ist es entscheidend, dass sich der Datenschutz der Erkennung und Abwehr der Cyberattacken widmet. Deshalb gehört der Schutz vor Cyberattacken und damit die Cybersicherheit zu einer modernen Datensicherheit und zum Datenschutz insgesamt.

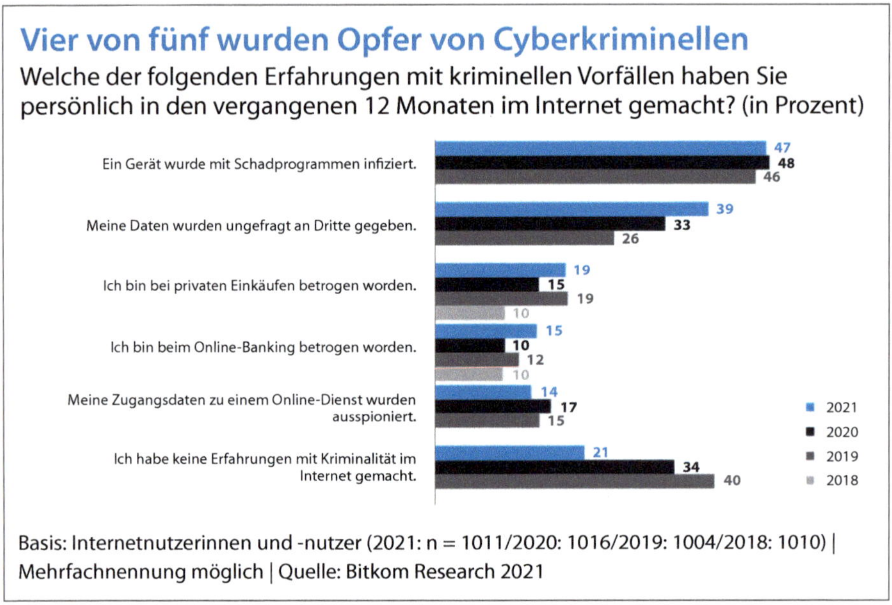

Abb. 1: *Acht von zehn Personen (79 %) waren in den vergangenen zwölf Monaten von kriminellen Vorfällen im Netz betroffen, so eine Umfrage des Digitalverbands Bitkom. Nur noch eine kleine Minderheit von 21 % gibt an, keine solchen Erfahrungen gemacht zu haben. In vielen Fällen von Cyberkriminalität sind personenbezogene Daten betroffen, es kommt zu einer Verletzung des Datenschutzes (Bild: Bitkom).*

1/2 Was die Datenschutz-Aufsichtsbehörden zu Cybersicherheit und Cyberattacken sagen

Wie sehr die Cybersicherheit bereits Einzug gehalten hat im Datenschutz, erkennt man auch daran, dass es bereits Aufsichtsbehörden für den Datenschutz gibt, die über einen Bereich „Cybersicherheit und Technischer Datenschutz" verfügen.

In der jüngeren Vergangenheit haben die Aufsichtsbehörden auch zahlreiche Meldungen und Stellungnahmen veröffentlicht, die sich auf Cyberattacken und Cybersicherheit beziehen.

Im Folgenden seien mehrere Beispiele erwähnt, die die Präsenz des Themas Cybersicherheit in den Aufsichtsbehörden gut illustrieren. Sie dienen auch zur Untermauerung von Argumenten für mehr Engagement der Verantwortlichen in Sachen Cybersicherheit.

1/2.1 Brandenburg: Hohe Anzahl täglicher Meldungen

BEISPIEL

„Die vielen Meldungen von Datenschutzverletzungen, die ich täglich erhalte, verdeutlichen, dass Datenschutz nur funktioniert, wenn die Sicherheit der IT-Systeme gewährleistet ist. Anders als früher kann eine kleine Schwachstelle schnell die Grundrechte einer riesigen Zahl Betroffener beeinträchtigen. Bestehende Regelungen für technisch-organisatorische Maßnahmen des Datenschutzes müssen deshalb tatsächlich umgesetzt werden. Der Staat steht in der Verantwortung, seine digitalen Dienstleistungen in sicherer Weise anzubieten. Kundinnen und Kunden dürfen von Unternehmen erwarten, dass ihre Daten gesetzeskonform verarbeitet werden.

Ransomware, Passwort-Phishing und die aktuelle Gefahr von Cyberangriffen zeigen aber auch, wie wichtig es ist, dass Verwaltungen und Unternehmen selbst Mechanismen etablieren, die Datenschutz und IT-Sicherheit von vornherein gewährleisten, deren Wirksamkeit kontinuierlich überprüfen und sie an neue Bedrohungslagen anpassen. Gerade für kleine und mittlere Unternehmen, aber auch Städte und Gemeinden, die sich viel zu oft auf ihre Dienstleister verlassen müssen, ist dabei die Unterstützung durch Kammern, Verbände oder selbst organisierte Zusammenschlüsse notwendig."

Dagmar Hartge, Landesbeauftragte für den Datenschutz und für das Recht auf Akteneinsicht des Landes Brandenburg (März 2022)

1/2.2 Mecklenburg-Vorpommern: Seit Ukraine-Krieg erhöhtes Risiko für Cyberangriffe

BEISPIEL

„Seit Beginn des Krieges in der Ukraine hat sich das Risiko von möglichen Cyberangriffen erhöht. Das Bundesamt für Sicherheit in der Informationstechnik (BSI) erkennt eine erhöhte Bedrohungslage für Deutschland an und ruft daher weiterhin Unternehmen, Organisationen und Behörden dazu auf, ihre IT-Sicherheitsmaßnahmen zu erhöhen."

Heinz Müller, Landesbeauftragter für Datenschutz und Informationsfreiheit Mecklenburg-Vorpommern (März 2022)

1/2.3 Sachsen: Prävention wirksamer und wichtiger als je zuvor

BEISPIEL

„Sachsens Unternehmen sollten nicht erst warten, bis sie das Opfer von Hacker-Attacken geworden sind. Prävention ist wirksamer und wichtiger als je zuvor, damit Daten von Kunden und Mitarbeitern nicht in die falschen Hände gelangen. (…) Diese Hacker-Angriffe sind für die betroffenen Unternehmen und Organisationen teuer: Eine Cyberattacke kostet im Schnitt 21.818 EUR je Vorfall (Quelle: Statista). Die Zahl der Angriffe und das Ausmaß der Schäden nehmen stark zu. Insgesamt belaufen sich die Kosten für digitale Angriffe auf die deutsche Wirtschaft allein 2020 auf ca. 24,3 Milliarden Euro. Das waren viermal mehr als noch 2019 (Quelle: Bitkom-Studie).

Noch gravierender sind durch Erpressungssoftware (engl. „Ransomware") verursachte Schäden: Die durchschnittlichen Gesamtkosten der Firmen für die Behebung eines Angriffs durch Erpressungssoftware liegen bei ca. einer Million Euro; etwa 46 % der deutschen Unternehmen sind betroffen (Quelle: Sophos State of Ransomware 2021). Diese Entwicklung ist sehr besorgniserregend. Mangelhafte Datensicherheit offenbart meist auch Schwächen beim Datenschutz. Das ist nicht nur für die betroffenen Unternehmen existenzbedrohend, sondern auch für Menschen, deren Daten in den Besitz von Kriminellen gelangen. Identitätsdiebstahl gehört dabei zu den schlimmsten Folgen. Betroffenen droht ein finanzieller und sozialer Totalschaden."

Andreas Schurig, Sächsischer Datenschutzbeauftragter (November 2021)

1/2.4 Hessen: Cyberattacke auf Anbieter von Arztpraxissoftware

BEISPIEL

Anfang November 2021 ist ein in Hessen ansässiger Anbieter von Arztpraxissoftware Ziel eines Cyberangriffs geworden. Infolgedessen waren sowohl die Erreichbarkeit als auch der gesamte Unternehmensbetrieb stark beeinträchtigt. Es wurde aber eine Hotline für Arztpraxen eingerichtet. Auch auf der Website des Anbieters befanden sich Hinweise für die betroffenen Arztpraxen.

Inwieweit auch Daten von Kunden der Firma betroffen waren, konnte noch nicht abschließend gesagt werden. Der Hessische Beauftragte für Datenschutz und Informationsfreiheit (HBDI) stand mit dem Softwareanbieter in Kontakt und hat die weitere Aufklärung begleitet.

Von einzelnen Kunden befanden sich zum Zeitpunkt des Angriffs auch Hardware-Komponenten vor Ort zur Wartung bei dem IT-Anbieter, z.B. Speichermedien. Ob von den Angreifern auf diese Komponenten Zugriff genommen werden konnte und falls ja, in welchem Umfang dadurch auch personenbezogene Daten betroffen waren, war noch nicht bekannt. Die hiervon betroffenen Arztpraxen wurden mit einem gesonderten Schreiben informiert.

Der Hessische Datenschutzbeauftragte informierte zudem über die Pflicht zur Meldung von Verletzungen des Schutzes personenbezogener Daten bei der zuständigen Aufsichtsbehörde. In jedem Fall waren die betroffenen Arztpraxen verpflichtet, den Vorfall zu prüfen, zu dokumentieren und die Dokumentation aktuell zu halten (Rechenschaftspflicht nach DSGVO). Dabei waren alle mit der Datenschutzverletzung zusammenhängenden Fakten sowie die Auswirkungen und ergriffenen Abhilfemaßnahmen zu dokumentieren.

Grundsätzlich gilt, so der Hessische Datenschutzbeauftragte: Teil dieser Dokumentation soll auch eine Bewertung des Risikos für Rechte und Freiheiten der betroffenen Personen sein, welches sich aus dem Vorfall ergibt. Falls diese zu dem Ergebnis kommt, dass voraussichtlich ein hohes Risiko besteht, dann muss die Arztpraxis die betroffenen Personen unverzüglich über die Verletzung des Schutzes ihrer personenbezogenen Daten benachrichtigen (Art. 34 DSGVO). Die Dokumentation muss der zuständigen Datenschutzaufsichtsbehörde auf deren Verlangen zur Verfügung gestellt werden.

Meldung des Hessischen Datenschutzbeauftragten Prof. Dr. Alexander Roßnagel zu einer Cyberattacke (Dezember 2021)

WICHTIG

Es zeigt sich: Cyberattacken sind bereits Gegenstand der Arbeit der Datenschutzaufsichtsbehörden, diese warnen explizit vor den Folgen für den Datenschutz und halten Schutzmaßnahmen der Cybersicherheit für dringend erforderlich. Datenschutzverletzungen und Meldepflichten gehören zu den möglichen Folgen von Cyberattacken. Unternehmen, Verantwortliche und Datenschutzbeauftragte sind gefordert, sich mit den Fragen der Cybersicherheit im Detail zu befassen.

1/3 Datenschutz und KRITIS (kritische Infrastrukturen)

Viele Cyberattacken, von denen die Tagespresse berichtet, führen dazu, dass Bankdaten oder Passwörter zu Nutzerkonten ausgespäht werden konnten. Hier ist der Bezug zum Datenschutz relativ einfach zu sehen. Doch es gibt auch Cyberangriffe, die sich gegen kritische Infrastrukturen (KRITIS) wie Kraftwerke oder medizinische Einrichtungen richten und die offensichtlich besonders dramatische Folgen haben können.

Nun könnte man das Gefühl entwickeln, dass die Cyberattacken, die personenbezogene Daten betreffen, von der Anzahl her geringer wären oder aber weniger folgenreich, wenn man sie mit den Angriffen auf KRITIS-Einrichtungen vergleicht.

Doch tatsächlich haben Angriffe auf den KRITIS-Bereich und der Datenschutz sehr viel miteinander zu tun.

1/3.1 Was KRITIS genau bedeutet

Kritische Infrastrukturen (KRITIS) sind Organisationen und Einrichtungen mit wichtiger Bedeutung für das staatliche Gemeinwesen, bei deren Ausfall oder Beeinträchtigung nachhaltig wirkende Versorgungsengpässe, erhebliche Störungen der öffentlichen Sicherheit oder andere dramatische Folgen eintreten würden.

KRITIS-Betreiber müssen deshalb erhöhte Sicherheitsanforderungen durch Schutzmaßnahmen nach dem Stand der Technik umsetzen und gegenüber dem BSI nachweisen. Störungen und Vorfälle, die zu bestimmten Beeinträchtigungen bei den kritischen Infrastrukturen führen, müssen dem BSI gemeldet werden. Aus gutem Grund findet man hier Parallelen zum Schutz personenbezogener Daten.

Weitere Gemeinsamkeiten sind, dass es bei KRITIS nur vordergründig um den Schutz der Infrastrukturen geht, so wie es im Datenschutz nur vordergründig um den Schutz von Daten geht.

Um es mit dem Bundesdatenschutzbeauftragten Prof. Kelber zu sagen: „Wir schützen Menschen, nicht Daten", und das gilt für die notwendige KRITIS-Sicherheit und für die notwendige Datensicherheit und damit insbesondere auch für die Cybersicherheit.

1/3.2 Das BSI über Cyberattacken auf KRITIS-Einrichtungen und den Zusammenhang mit dem Datenschutz

Das BSI hat bereits mehrfach über Cyberangriffe auf den KRITIS-Bereich und die Folgeschäden berichtet. Dabei werden auch die Bezüge zum Schutz personenbezogener Daten deutlich:

> Cyberangriffe führen zu schwerwiegenden IT-Ausfällen in Kommunen, Krankenhäusern und Unternehmen. Sie verursachen zum Teil erhebliche wirtschaftliche Schäden und bedrohen existenzgefährdend Produktionsprozesse, Dienstleistungsangebote und Kunden. Das waren zentrale Feststellungen des Berichts zur Lage der IT-Sicherheit in Deutschland 2021.
>
> Am Beispiel von erfolgreichen Ransomware-Angriffen wird deutlich, wie extrem sich mangelnde Informationssicherheit auswirken kann: So musste sich ein Krankenhaus für 13 Tage von der Notfallversorgung abmelden. Immer öfter sind auch ganze Lieferketten von derartigen Angriffen beeinträchtigt, mit Folgen nicht nur für die Opfer, sondern auch für deren Kunden oder für andere unbeteiligte Dritte.

Ein weiteres Beispiel:

BEISPIEL

Nach einem Cyberangriff auf einen amerikanischen Software-Hersteller im Juli 2021 war es weltweit zu IT-Störungen gekommen. Zahlreiche IT-Dienstleister, deren Kunden und weitere Unternehmen wurden Opfer von Verschlüsselungstrojanern, sogenannter Ransomware, geworden. Auch in Deutschland waren IT-Dienstleister und weitere Unternehmen betroffen. Es wurden mehrere Tausend IT-Geräte verschlüsselt.

Dazu der BSI-Präsident:

BEISPIEL

„Der Vorfall zeigt, wie intensiv die globale Vernetzung in der Digitalisierung voranschreitet und welche Abhängigkeiten dabei entstehen. Bei dem aktuellen Angriff wurde Ransomware über jedes Glied einer Software-Lieferkette ausgerollt. Das zeigt deutlich: Lieferketten müssen auch unter dem Aspekt der IT-Sicherheit in den Fokus rücken. Ransomware ist derzeit als eine der größten Bedrohungen für die IT von Unternehmen und Organisationen einzuschätzen. Bei erfolgreichen Angriffen werden Dienstleistungen und Produktion häufig zum Stillstand gebracht. Die Schäden für Betroffene sind daher oftmals enorm."

Arne Schönbohm, Präsident des Bundesamtes für Sicherheit in der Informationstechnik

Im Dezember 2020 hatte das BSI berichtet:

BEISPIEL

Dass die Gefährdungslage der IT-Sicherheit im Gesundheitswesen angespannt ist, belegen zahlreiche Vorfälle der letzten Monate und Jahre: Krankenhäuser mussten in den Notbetrieb gehen, Millionen sensibler Patientendaten wurden gestohlen oder waren über längere Zeiträume öffentlich im Internet zugänglich. Hinzu kommen immer wieder Berichte über Schwachstellen in vernetzten Medizingeräten wie Insulinpumpen, Patientenmonitoren oder Beatmungsgeräten. Deren Ausfall oder Manipulation durch unbefugte Dritte kann im Ernstfall unmittelbare Folgen für Gesundheit, Leib und Leben einer Patientin oder eines Patienten haben.

Weitere Hinweise des BSI unterstreichen die schwerwiegenden Folgen der Attacken unter anderem auf den KRITIS-Bereich:

ACHTUNG!

Von Cyberangriffen betroffen sind Unternehmen und Institutionen aller Größen und Branchen. So wurden Automobilhersteller und ihre Zulieferer angegriffen, ebenso wie Flughäfen und Fluggesellschaften. Auch kleine und mittelständische Unternehmen, die sich durch Alleinstellungsmerkmale wie zum Beispiel die Produktion spezieller Komponenten im Maschinenbau auszeichnen, wurden Opfer von Cyberangriffen. Ebenso waren kommunale Verwaltungen, Krankenhäuser und Hochschulen von Ransomware-Angriffen betroffen.

1/3.3 Vergleich mit den Folgen einer Datenschutzverletzung

Die Parallelen zwischen dem notwendigen Schutz kritischer Infrastrukturen und dem Schutz (besonderer Kategorien) personenbezogener Daten werden nochmals deutlich, wenn man die Folgen einer Verletzung des Datenschutzes, wie sie die Erwägungsgründe zur DSGVO beschreiben, mit den Folgen einer Schutzverletzung im KRITIS-Umfeld vergleicht:

Tab. 1: *Vergleich mit den Folgen einer Datenschutzverletzung und Folgen einer Schutzverletzung im KRITIS-Umfeld*

Folgen einer Datenschutzverletzung	Folgen einer Schutzverletzung im KRITIS-Bereich
Eine Verletzung des Schutzes personenbezogener Daten kann – wenn nicht rechtzeitig und angemessen reagiert wird – einen physischen, materiellen oder immateriellen Schaden für natürliche Personen nach sich ziehen, wie etwa Verlust der Kontrolle über ihre personenbezogenen Daten oder Einschränkung ihrer Rechte, Diskriminierung, Identitätsdiebstahl oder -betrug, finanzielle Verluste, unbefugte Aufhebung der Pseudonymisierung, Rufschädigung, Verlust der Vertraulichkeit von dem Berufsgeheimnis unterliegenden Daten oder andere erhebliche wirtschaftliche oder gesellschaftliche Nachteile für die betroffene natürliche Person.	Mit Blick auf KRITIS-Einrichtungen wie Krankenhäuser kann man noch ergänzen: Angriffe auf die Integrität und Verfügbarkeit, aber auch Vertraulichkeit der personenbezogenen Daten von Patientinnen und Patienten sowie die Betriebsstörung bei der Datenverarbeitung (mangelnde Belastbarkeit der Systeme und Dienste) kann Leib und Leben von Menschen gefährden.

Bereiche wie Autonomes Fahren und andere Anwendungen des Internet der Dinge (Internet of Things, IoT) und damit der Ausweitung des Cyberraums in die physische Welt sind weitere Beispiele, in denen Cyberattacken und mangelnde Cybersicherheit Menschenleben gefährden und kosten kann.

WICHTIG

Genau wie bei KRITIS geht es im Datenschutz um Menschen und nicht nur um Daten oder Infrastrukturen. Deshalb ist die Cybersicherheit zunehmend auch ein Schutz von Gesundheit und Leben von uns Menschen.

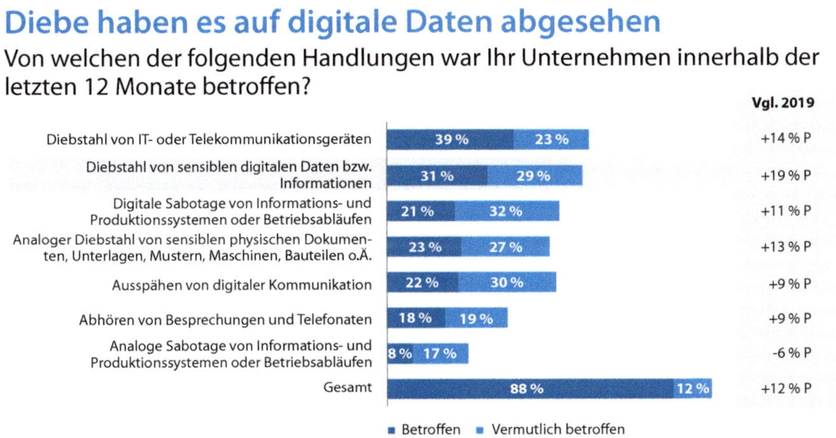

Basis: Alle befragten Unternehmen (2021: n = 1.067; 2019: n = 1.070) 2019: innerhalb der letzten zwei Jahre, Veränderung zu 2019 für Antwortkategorien [Betroffen] & [Vermutlich betroffen] | Quelle: Bitkom Research 2021

Abb. 2: *Cyberattacken haben Daten als Ziel. Doch die Manipulation, Ausspähung und Zerstörung von Daten kann durch die fortschreitende Digitalisierung in kritischen Bereichen wie Verkehr und Gesundheitswesen negative Folgen für Leib und Leben von Menschen haben (Bild: Bitkom).*

2 Personenbezogene Daten im Cyberraum

Cybersicherheit erweitert die Datensicherheit in den Cyberraum. Die fortschreitende Digitalisierung führt dazu, dass immer mehr personenbezogene Daten in den Cyberraum gelangen. Wir Menschen werden durch sogenannte digitale Identitäten repräsentiert, gleichzeitig werden wir durch die personenbezogenen Daten im Cyberraum umfassend identifizierbar. Zusätzlich erhöht die Digitalisierung die Menge der personenbeziehbaren Daten. Deshalb muss die Cybersicherheit zusätzliche Fähigkeiten aufweisen, die über die klassische Datensicherheit hinausgehen. Nicht zuletzt muss auch die Cybersicherheit selbst ihre Grenzen im Datenschutz erfahren.

2/1 Gefährdetes Gut: „Digitale Identität"

2/1.1 Was ist eine digitale Identität?

Wenn eine Person ein IT-System, einen Cloud-Dienst oder eine Anwendung nutzen und auf bestimmte Daten zugreifen möchte, muss sie dazu die entsprechenden Berechtigungen haben. Ob man die notwendigen Rechte besitzt oder nicht, hängt von der Rolle und den Aufgaben in der jeweiligen Organisation ab.

Die Rolle und die Aufgaben wiederum sind mit der jeweiligen Person verknüpft. Vor der Erteilung der Berechtigung wird deshalb geprüft, ob die Person diejenige ist, die sie vorgibt zu sein. Dazu werden zum Beispiel Nutzername und Passwort und womöglich weitere Sicherheitsfaktoren abgefragt.

2/1.2 Das Risiko Identitätsdiebstahl

Gelingt es bei einer Cyberattacke, die Faktoren, mit denen sich die Echtheit der angegebenen Identität bestätigen lässt, zu übernehmen, dann kann auch die digitale Identität des Opfers missbraucht und vorgetäuscht und damit die Berechtigungen ausgenutzt werden.

Man kann sich die digitale Identität wie einen digitalen Ausweis einer Person vorstellen, der vor Diebstahl und Missbrauch geschützt werden muss. Leider ist dieser Schutz digitaler Identität häufig unzureichend, digitale Identitäten werden übernommen und für weitere Attacken eingesetzt.

Eine digitale Identität ist wegen der damit verbundenen Berechtigungen sehr wertvoll für Angreifende, sodass viele Cyberattacken genau auf Identitäten abzielen.

2.1.3 Digitale Identitäten werden zu wenig geschützt

Der Identitätsdiebstahl ist leider relativ einfach, da die Schutzmaßnahmen nicht ausreichen. 29 % der Befragten nutzen für verschiedene Online-Dienste dasselbe Passwort, auch wenn das große Sicherheitsrisiken birgt, so das Ergebnis einer Umfrage des Digitalverbands Bitkom.

Dabei sind sich die Menschen im Land des Themas Passwortsicherheit grundsätzlich bewusst. 75 % aller Internet-Nutzerinnen und Nutzer achten bei der Erstellung neuer Passwörter auf einen Mix aus Buchstaben, Zahlen und Sonderzeichen. Ihr Passwort in regelmäßigen Abständen ändern 38 % der Nutzerinnen und -Nutzer. Die Nutzung der sogenannten Zwei-Faktor-Authentifizierung, bei der eine Anmeldung mittels eines zweiten Faktors, etwa eines SMS-Codes, bestätigt werden muss, ist noch nicht so verbreitet. Bisher machen nur 37 % im Land von dieser Möglichkeit Gebrauch.

Das gilt auch im beruflichen Alltag, nicht nur im Privatleben. Laut Bitkom haben aktuell 72 % der Unternehmen Mindestanforderungen an Passwörter, etwa in Form von zwingend erforderlichen Sonderzeichen oder Sperrlisten. Weitere 16 % planen solche Anforderungen. 71 % protokollieren, welche Mitarbeitenden auf welche Daten oder Laufwerke zugreifen (10 % geplant), 70 % kontrollieren den Zugang zu Gebäuden oder Maschinen elektronisch (13 % geplant).

Digitale Identitäten sind deshalb sowohl privat wie beruflich sehr gefährdet. Da digitale Identitäten den Nutzer oder die Nutzerin repräsentieren und mit weiteren personenbezogenen Daten verknüpft sind, ist ein unzureichender Identitätsschutz ein mangelhafter Datenschutz.

Cybersicherheit gehört somit auch deshalb zum modernen Datenschutz, weil Cyberattacken dazu genutzt werden, digitale Identitäten auszuspähen, zu übernehmen und zu missbrauchen. Davon sind direkt und indirekt personenbezogene Daten betroffen: Direkt, weil die Identitätsdaten, die gestohlen werden, einen Personenbezug haben, und indirekt, weil über die digitalen Identitäten weitere, personenbezogene Daten im Zugriff der Angreifer sind.

ACHTUNG!

Cyberangriffe betreffen nahezu 9 von 10 Unternehmen

Welche der folgenden Arten von Cyberangriffen haben innerhalb der letzten 12 Monate in Ihrem Unternehmen einen Schaden verursacht?

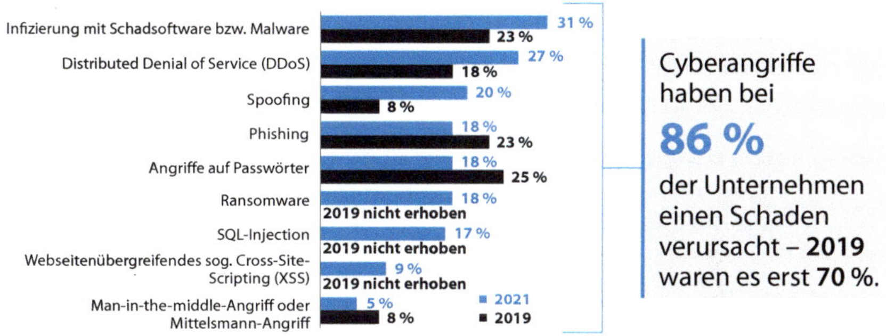

Basis: Alle befragten Unternehmen (2021: n = 1.067; 2019: n = 1.070); Mehrfachnennungen in Prozent, 2019: innerhalb der letzten zwei Jahre | Quelle: Bitkom Research 2021

Abb. 3: *Viele der Cyberattacken, die die Unternehmen in Deutschland bedrohen, haben das Ziel, digitale Identitäten zu erbeuten und zu missbrauchen, darunter Spoofing, Phishing und andere Passwortattacken (Bild: Bitkom)*

2/2 Zunahme von personenbezogenen Daten im Cyberraum als Folge der fortschreitenden Digitalisierung

Digitale Identitäten, die gestohlen und missbraucht werden, sind der Schlüssel zu den personenbezogenen Daten. Durch die fortschreitende Digitalisierung nimmt die Zahl der personenbezogenen Daten im Cyberraum stetig zu, die Menge der gefährdeten Daten wächst und wächst.

2.2.1 „Personenbezogene Daten“ nach der DSGVO

Um das Ausmaß der Datenmengen zu erkennen, die durch die fortschreitende Digitalisierung den um sich greifenden Cyberangriffen ausgesetzt sind, sollte man sich zuerst die Definition aus der DSGVO ansehen:

WICHTIG

„Personenbezogene Daten“ sind alle Informationen, die sich auf eine identifizierte oder identifizierbare natürliche Person (im Folgenden „betroffene Person“) beziehen; als identifizierbar wird eine natürliche Person angesehen, die direkt oder indirekt, insbesondere mittels Zuordnung zu einer Kennung wie einem Namen, zu einer Kennnummer, zu Standortdaten, zu einer Online-Kennung oder zu einem oder mehreren besonderen Merkmalen, die Ausdruck der physischen, physiologischen, genetischen, psychischen, wirtschaftlichen, kulturellen oder sozialen Identität dieser natürlichen Person sind, identifiziert werden kann.

Hat man das vor Augen, wird schnell deutlich, wie vielfältig die personenbezogenen und personenbeziehbaren Daten sind, die die Digitalisierung über das Internet und andere Vernetzungen zugänglich machen kann.

2.2.2 Beispiel 1: Digitale Transformationen im Zuge der Corona-Pandemie

Laut Bitkom ergreifen die Unternehmen in drei Bereichen Digitalisierungsmaßnahmen aufgrund der Corona-Pandemie: Bei der Technologie, bei Geschäftsprozessen und bei den Mitarbeitern. 75 % haben neue Software angeschafft oder planen dies, 70 % haben Hardware wie Laptops oder Smartphones gekauft oder haben dies vor, und 58 % haben eine digitale Infrastruktur wie VPN-Zugänge oder ein Intranet aufgebaut oder planen dies.

81 % der Unternehmen nutzen seit der Corona-Pandemie Videokonferenzen statt persönlicher Treffen oder planen dies, 79 % digitale Kollaborationstools wie Microsoft Teams oder Slack. Jeweils 63 % setzen auf digitale Dokumente statt Papier und digitale Signaturen. Mit Blick auf die Mitarbeiter hatten 70 % Homeoffice eingeführt, 43 % geben dies für digitale Weiterbildung an, 35 % für die Digitalisierung des Recruitings von neuen Mitarbeitern und 23 % haben digitale Mitarbeiterevents durchgeführt.

Der coronabedingte Digitalisierungsschub sorgt zudem für eine stärkere Beschäftigung mit entscheidenden digitalen Technologien in der deutschen Wirtschaft. So geben inzwischen drei Viertel (73 %) an, Big Data zu nutzen oder den Einsatz zu planen oder zu diskutieren. Vor zwei Jahren waren es erst 59 %. Das Internet of Things, das insbesondere bei der vernetzten Produktion wichtig ist, beschäftigt zwei Drittel (65 %) gegenüber 44 % 2019. Für jeweils rund die Hälfte sind 3D-Druck (54 %, 2019: 43 %), der neue Mobilfunkstandard 5G (53 %, 2019: 32 %) und Virtual bzw. Augmented Reality (50 %, 2019: 32 %) ein Thema. Jedes dritte Unternehmen (34 %) setzt sich mit Künstlicher Intelligenz auseinander oder nutzt KI-Technologien – verglichen mit 12 % 2019 ist das der deutlichste Anstieg. Autonome Fahrzeuge spielen in 30 % der Unternehmen eine Rolle (2019: 17 %).

ACHTUNG!

Bei allen diesen digitalen Einsatzbereichen und Technologien spielt die Verarbeitung personenbezogener Daten eine Rolle. Je digitaler zum Beispiel die Suche nach neuen Mitarbeitenden wird, desto mehr personenbezogene Daten von Bewerbern und Mitarbeitenden landen im Cyberraum und sind so stärker gefährdet durch Cyberattacken.

2.2.3 Beispiel 2: „Digitaler Zwilling" in der Medizin

Besonders deutlich werden die Folgen der Digitalisierung für Identitäten und andere personenbezogene Daten, wenn man sich die Entwicklung hin zum „Digitalen Zwilling" in der Medizin ansieht.

Ein digitaler Doppelgänger ist das virtuelle Abbild eines Menschen und soll Auskunft darüber geben, ob ein Medikament wirkt oder eine Therapie anschlägt. In die Computersimulationen als Teil der personalisierten Medizin setzen Wissenschaftler und Ärzte große Hoffnungen, denn sie ermöglichen eine individuellere Therapie, sodass sich genauere Diagnosen erstellen und Fehlbehandlungen sowie Nebenwirkungen von Medikamenten reduzieren lassen sollen.

Die Wirtschaftsprüfungsgesellschaft PwC hat in der Studie „Der digitale Zwilling" herausgefunden:

- Acht von zehn Deutschen wären grundsätzlich bereit, einen virtuellen Doppelgänger von sich selbst anfertigen zu lassen – lediglich 17 % lehnen das strikt ab. Die meisten können sich die Computersimulation aber nur unter bestimmten Voraussetzungen vorstellen – etwa wenn sie unter einer chronischen oder seltenen Krankheit leiden würden (41 bzw. 38 %).
- Als die größten Vorteile sehen die Deutschen, dass der virtuelle Doppelgänger den Ärzten bei Therapieentscheidungen helfen kann.
- Als großen Nachteil hingegen sehen die Bürgerinnen und Bürger, dass sie beim Einsatz des virtuellen Patienten ihre Gesundheitsdaten preisgeben müssen. 80 % der Deutschen äußern die Sorge, dass ihre Daten in die falschen Hände geraten könnten, beispielsweise an die Krankenkasse weitergeleitet werden.

Offensichtlich müssen die Daten, die die Basis eines digitalen Zwillings bilden, auch vor Cyberattacken geschützt werden.

2.2.4 Beispiel 3: Kommunikationsdaten im Unternehmen

So berichtet der Digitalverband Bitkom: Datendiebe haben es mehr denn je auf Kommunikationsdaten und geistiges Eigentum abgesehen. In 63 % der Unternehmen, in denen zuletzt sensible digitale Daten gestohlen wurden, handelte es sich um Kommunikationsdaten. Geistiges Eigentum wie Patente oder Forschungsinformationen wurden bei 18 % gestohlen – ein Plus von 11 %punkten gegenüber den Jahren 2018/2019. Darüber hinaus wurden unkritische Geschäftsdaten (44 %), Kundendaten (31 %), Finanzdaten (29 %) und kritische Geschäftsinformationen wie Marktanalysen (19 %) erbeutet. In 19 % der Fälle wurden Zugangsdaten zu Cloud-Diensten entwendet.

Auch wenn nicht bei allen genannten Datenkategorien sofort erkennbar ist, dass sich darunter personenbezogene oder personenbeziehbare Daten befinden, machen diese Überlegungen es deutlich:

Kommunikationsdaten enthalten meist auch Angaben zu Absender und Empfänger und können auch Inhalte mit Personenbezug enthalten. Patente, Forschungsinformationen, Geschäftsdaten, Finanzdaten oder Marktanalysen haben in aller Regel einen Personenbezug. Kundendaten und Cloud-Zugangsdaten haben offenkundig den Personenbezug.

ACHTUNG!

Wenn also Cyberattacken dazu führen, dass die genannten Datenkategorien gestohlen und missbraucht werden, ist der Datenschutz direkt oder indirekt betroffen.

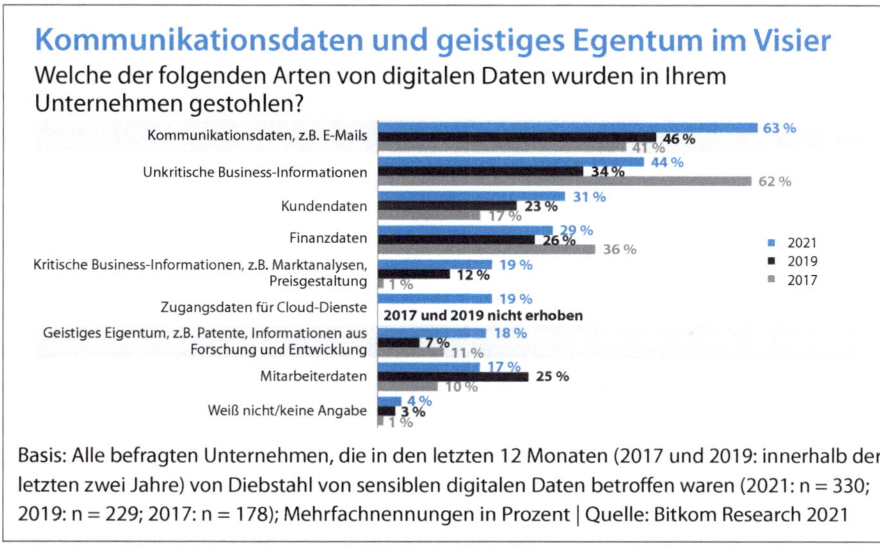

Abb. 4: *Cyberkriminelle versuchen insbesondere Daten zu stehlen. Die meisten der betroffenen Daten haben direkten oder indirekten Personenbezug (Bild: Bitkom).*

2/2.5 Beispiel 4: Daten mit Personenbezug von vernetzten Fahrzeugen

Wie Daten von Geräten und über Geräte auch Rückschlüsse auf Personen zulassen, macht das Beispiel der vernetzten Fahrzeuge sehr deutlich. Dabei bilden die vernetzten Fahrzeuge bereits heute Ziele für Cyberattacken und werden es in Zukunft noch deutlich stärker werden.

So berichtet das BSI: Das moderne Auto ist so stark digitalisiert wie nie zuvor. Die IT sorgt dabei nicht nur für das passende Entertainment während der Fahrt, sondern übernimmt längst wichtige Funktionen zur Steuerung des Fahrzeugs. Bremsen, Lenken, Einparken – in naher Zukunft werden Computer das Fahrzeug – auch mithilfe künstlicher Intelligenz (KI) – vermehrt eigenständig steuern. Durch die für neue Funktionen nötige Vernetzung vergrößert sich automatisch die Angriffsfläche für Cyberangriffe.

BEISPIEL

> „Computer sind das Hirn jedes modernen Fahrzeugs und übernehmen längst zentrale Steuerungsfunktionen. Wenn Autos mit anderen Autos oder mit der Straßeninfrastruktur vernetzt sind, müssen wir sichergehen können, dass wir beim Fahren vor Manipulationsversuchen Dritter geschützt sind. Cyber-Sicherheit wird dabei genauso wichtig wie funktionierende Bremsen".
>
> *Arne Schönbohm, BSI-Präsident*

So kann unzureichend geprüfte oder manipulierte Hard- oder Software die Sicherheit des Autos einschränken, wenn dies im Produktionsprozess nicht rechtzeitig erkannt wird. Dabei stehen nicht nur die Herstellergrößen für Automobile weltweit im Fokus der Angreifenden, sondern auch deren Zulieferer.

Die Aufsichtsbehörden für den Datenschutz haben bereits vor Jahren auf die Beziehung zwischen vernetzten Fahrzeugen und Risiken für personenbezogene Daten hingewiesen:

Bereits heute benötigt und produziert das moderne Kraftfahrzeug eine Vielzahl an Daten. Aufgrund der fortschreitenden informationstechnischen Ausstattung der Kraftfahrzeuge und deren Anbindung an das Internet sowie der Vernetzung der Verkehrsteilnehmer untereinander wird sich dieser Trend fortsetzen und in den kommenden Jahren zu weitreichenden Veränderungen im Straßenverkehr führen, so die Datenschutzkonferenz (DSK).

Die Digitalisierung und insbesondere die Vernetzung bergen neben den unbestreitbaren Vorteilen für die Verkehrssicherheit und den Komfort zugleich auch Risiken für die Persönlichkeitsrechte der Fahrzeugnutzer.

Bei der Nutzung eines modernen Kraftfahrzeugs wird permanent eine Vielzahl von Informationen erzeugt und verarbeitet. Insbesondere bei Hinzuziehung weiterer Informationen können die anfallenden Daten auf den Halter oder auch auf den Fahrer und Mitfahrer zurückführbar sein und Informationen über persönliche oder sachliche Verhältnisse einer bestimmbaren Person enthalten. Die bei der Kfz-Nutzung anfallenden Daten sind jedenfalls dann personenbezogen, wenn eine Verknüpfung mit der Fahrzeugidentifikationsnummer oder dem Kfz-Kennzeichen vorliegt.

WICHTIG

Cyberattacken auf vernetzte Fahrzeuge werden dadurch auch zu einem Thema für den Datenschutz. Die Cybersicherheit für vernetzte Fahrzeuge sollte entsprechend auch als Teil moderner Datensicherheit gesehen werden.

---

3 Wie Cyberattacken Datenpannen auslösen

Kaum jemand bezweifelt noch, dass Cyberattacken zu den größten Bedrohungen für Unternehmen gerechnet werden müssen, denn die fortschreitende Digitalisierung öffnet die Unternehmen für Angriffe aus dem Cyberraum. Doch viele Unternehmen sehen die Cyberangriffe eher als Auslöser für eine Betriebsunterbrechung. Tatsächlich sind die produktiven Prozesse eines Unternehmens in Gefahr, aber auch die personenbezogenen Daten. Genau genommen hängen die Betriebsunterbrechungen und die Verletzungen des Datenschutzes meist zusammen.

Im Folgenden werden Cyberattacken genauer betrachtet und ihre Bedeutung für das Eintreten einer Datenpanne untersucht. Zudem wird dargelegt, wie die Cybersicherheit dabei helfen kann, Datenpannen zu verhindern oder einzudämmen.

3/1 Wie Cyberattacken ablaufen

Bei dem Begriff „Cyberattacke" entstehen vor dem geistigen Auge in der Regel zwei Bilder: Zum einen ein Hacker, der mit einem Kapuzen-Pulli bekleidet seine Computertastatur wie eine Waffe nutzt. Zum anderen Schadsoftware (Malware), die sich ein Internetnutzer oder eine Internetnutzerin einfängt und die auf dem Computer Schaden anrichtet.

Beide Bilder sind zu einseitig, denn Cyberattacken sind sehr vielschichtig, wodurch ihre Erkennung, Abwehr und Eindämmung so schwierig wird. Weder der Angreifende noch das „Tatwerkzeug" sind so (einfach), wie man es sich gern vorstellt.

Die richtige Vorstellung ist aber entscheidend, damit die Cybersicherheit nicht zu einseitig geplant wird und letztlich nur eine Scheinsicherheit erreicht werden kann.

3/1.1 Vielfältige Angriffswege und -methoden

Tatwerkzeug Schadsoftware

In den nächsten Kapiteln wird noch näher dargestellt, welche Cyberattacken besonders bedrohlich für Unternehmen sind. An dieser Stelle soll stellvertretend für die weiteren Angriffskategorien betrachtet werden, dass es bereits auf der Ebene einer einzelnen Angriffskategorie wie Schadsoftware eine Vielzahl von Angriffswegen und Angriffsmethoden gibt.

Malware ist nicht gleich Malware

Unter einer Schadsoftware versteht man jede Software, die einer IT-Infrastruktur (Netzwerk, Hardware, Software, Daten) Schaden zufügen kann. Die für Schadsoftware gebräuchliche Bezeichnung Malware besteht aus dem ersten bzw. letzten Teil der englischen Wörter „malicious" (bösartig) und „software".

Schadsoftware ist keine fehlerhafte Software, die einen Schaden anrichtet, sondern der Schaden wird ganz bewusst verursacht. Ziele der Programmierer und Verbreiter von Schadprogrammen können die Zerstörung, Manipulation oder Blockade von IT-Systemen sowie die Löschung, die Manipulation oder das Ausspähen von Daten sein.

BEISPIEL

Schadsoftware kommt in unterschiedlichen Varianten vor, von denen jeweils verschiedene Gefahrenpotenziale ausgehen und die unterschiedliche Angriffswege und -methoden nutzen:

- **Backdoor:**
  geheime Hintertür in den Computer für unerlaubte Fernzugriffe und eine heimliche Fernkontrolle
- **Boot-Virus:**
  Virus, der bereits beim Startvorgang des Computers (Boot) aktiviert wird
- **Bot:**
  bildet ein Netz aus ferngesteuerten, verseuchten Computern, die für kriminelle Zwecke missbraucht werden, zum Beispiel als heimliche Spam-Versender ohne Wissen und Zutun der Computernutzer
- **Datei- oder Programm-Virus:**
  Virus, der sich an eine Datei oder ein Programm anhängt, um aktiviert zu werden
- **Keylogger:**
  Schadsoftware, die alle Tastatureingaben mitschreibt und übermittelt, um insbesondere Passwörter zu stehlen
- **Makro-Virus:**
  Virus, der die Makrosprache z.B. in Office-Programmen ausnutzt
- **Polymorphe Viren:**
  Viren, die sich selbst verändern können, um nicht so leicht erkannt zu werden
- **RAM-Scraper:**
  Schadsoftware, die den Arbeitsspeicher (RAM) ausliest, in dem z.B. temporär entschlüsselte Daten liegen können
- **Ransomware:**
  Schadsoftware, die Dokumente unerlaubt verschlüsselt und Lösegeld für die Entschlüsselung erpressen will
- **Rootkit:**
  Programm, das dabei hilft, Schadsoftware besser zu verstecken (Tarnkappe für andere Malware)
- **Spyware:**
  Spionagesoftware zur Sammlung vertraulicher Daten

BEISPIEL

- **Trojaner oder Trojanisches Pferd:**
  scheinbar nützliches Programm, das eine bösartige Funktion in sich trägt
- **Würmer:**
  Schadsoftware, die sich selbst vervielfältigen kann, ohne andere Dateien zu infizieren, und sich zum Beispiel selbsttätig über E-Mail-Programme ausbreitet

Malware verbreitet sich auf vielen Wegen

Schadsoftware wird meist mit dem Internet in Verbindung gebracht. Tatsächlich ist das Internet einer der Hauptverbreitungswege für Malware. Doch auch IT-Systeme ohne Internetverbindung können von Schadprogrammen befallen werden.

Verbreitung im Internet

Der bei den Internetnutzenden bekannteste Verbreitungsweg für Schadsoftware ist die E-Mail. Dabei ist nicht der E-Mail-Text selbst das Schadprogramm, sondern ein Hyperlink (Internetverknüpfung) im E-Mail-Text führt beim Anklicken zum Herunterladen eines Schadprogramms. Alternativ befindet sich das Schadprogramm bei verseuchten E-Mails im Dateianhang. Potenziell gefährlich sind dabei nicht nur Programmdateien (Dateiendung *.exe), sondern jedes Dateiformat kann ein getarntes Schadprogramm sein, also auch Office-Dateien, Bilddateien, PDF-Dateien, um nur einige Beispiele zu nennen.

Neben der Verbreitung von Malware über E-Mails können Schadprogramme auch in Webinhalten versteckt sein, die mit dem Browser oder einer Browsererweiterung (Plug-in) geöffnet werden, also Webseiten, Bilder, Online-Videos oder Musikdateien. Dabei ist es nicht erforderlich, dass der verseuchte Hyperlink oder Webinhalt aktiv angeklickt wird. Bereits das Öffnen einer Webseite, die mit Schadprogrammen verseuchte Inhalte aufweist, kann zu einer Malware-Infektion führen. Man spricht deshalb von Drive-by-Downloads, also dem Herunterladen von Schadprogrammen im „Vorbeifahren". Nicht nur von unseriösen oder illegalen Webinhalten geht ein solches Risiko aus. Jede unzureichend abgesicherte Webseite kann manipuliert und mit Malware versehen werden.

Neben E-Mail und World Wide Web (WWW) sind auch alle anderen Internetdienste mögliche Verbreitungswege für Malware, zum Beispiel FTP (File Transfer Protocol), P2P (Peer-to-Peer-Dienste wie Tauschplattformen im Internet), VoIP (Voice-over-IP, Internettelefonie), Chat-Dienste, Instant Messaging (Echtzeit-Kommunikation im Internet) und soziale Netzwerke mit ihren Kommunikationsdiensten.

Verbreitung außerhalb des Internets

IT-Systeme sind immer dann von Schadprogrammen bedroht, wenn ein Systemzugriff wie z.B. ein Datenaustausch stattfindet, wenn also neue Dateien auf das IT-System gelangen können. Für einen solchen Systemzugriff ist kein Internet erforderlich, vielmehr können die Schadprogramme über jede Systemschnittstelle oder Netzwerkverbindung auf das IT-System gelangen.

Schadprogramme können also auch über optische Medien wie CDs/DVDs (via optisches Laufwerk) übertragen werden, über USB-Sticks und andere USB-Speichermedien (via USB-Schnittstelle), aber auch über eine lokale Funkverbindung (wie Wireless Local Area Network (WLAN), Bluetooth, NFC (Near Field Communication) oder Infrarot-Kurzstreckenverbindung). Malware kann auch über die interne Netzwerkverbindung (LAN, Local Area Network) des Unternehmens übertragen werden, wenn es keine Internetzugänge an den Arbeitsplätzen gibt. Selbst bei Anschluss einer Computermaus, einer Tastatur oder eines Druckers könnten Schadprogramme auf den Rechner gelangen, wenn die angeschlossenen Geräte zuvor mit Schadprogrammen infiziert wurden.

Viele interessante Zielsysteme: Nicht nur PCs sind betroffen

Die Verbreitungswege für Schadprogramme sind ebenso vielfältig wie die möglichen Zielsysteme. Personal Computer unter einem Windows-Betriebssystem sind wegen ihrer hohen Verbreitung besonders häufig in den Schlagzeilen, wenn es um Malware-Attacken geht. Generell von Schadsoftware bedroht sind allerdings alle IT-Systeme, unabhängig vom Betriebssystem. Sobald ein IT-System eine gewisse Verbreitung auf dem Markt erreicht hat, wird es für die Entwickler und Verbreiter von Schadsoftware zum interessanten Zielsystem.

Neben den Windows-PCs können also z.B. auch Apple-Rechner mit Mac-Betriebssystem, Linux-Rechner, Serversysteme sowie Tablets, Smartphones und Handys mit Malware infiziert werden. Auch Netzwerkkomponenten wie Router können befallen werden, im Prinzip jedes System, das softwarebasierte Befehle ausführen kann. Dazu gehören auch die vernetzten Geräte im Smart Home, die vernetzten Industrieanlagen (Industrie 4.0) oder allgemein das Internet of Things (IoT, Internet der Dinge).

3/1.2 Die Vielfalt der Tätergruppen

Täter sind nicht nur die „Hacker"

Nicht nur die Angriffsmethoden, Angriffswege und Angriffswerkzeuge sind sehr vielfältig, auch die Täterkreise sind vielschichtig.

BEISPIEL

So ergab zum Beispiel eine Umfrage zum Wirtschaftsschutz 2021 des Digitalverbands Bitkom (Mehrfachnennungen möglich):

- In 61 % der von Diebstahl, Spionage und Sabotage betroffenen Unternehmen wurden Schäden durch **Mitarbeiterinnen und Mitarbeiter** verursacht, teils auch nachdem sie bereits aus dem betroffenen Unternehmen ausgeschieden waren. 42 % der betroffenen Unternehmen berichten von Mitarbeiterinnen und Mitarbeitern, die **unabsichtlich** gehandelt haben. 28 % der Unternehmen gehen dagegen davon aus, dass Schäden **vorsätzlich** herbeigeführt wurden. Eine unzureichend geschulte oder unaufmerksame Belegschaft und Innentäter bleiben damit ein zentrales Problem für die deutsche Wirtschaft. Viele Angriffe kommen aber von außen, beispielsweise von Privatpersonen bzw. **Hobby-Hackern** (40 %).
- Der stärkste Zuwachs im Vergleich zu den Vorjahren ist allerdings der **organisierten Kriminalität** zuzurechnen: In den Jahren 2016/2017 führten 7 % der betroffenen Unternehmen Attacken auf organisierte Kriminalität zurück, 2018/2019 bereits 21 %. 2020/2021 ist der Wert nun auf 29 % gestiegen.

Ein ähnliches Bild zeichnet die IT-Sicherheitsumfrage 2022 des Verbands der Internetwirtschaft eco. Auch dort sieht die Mehrzahl der befragten Sicherheitsexpertinnen und -experten die meisten Täter bei den „profitgetriebenen Cyberkriminellen".

Der Angriffsursprung: Nicht immer das Ausland

Die meisten Angriffe kommen aus Deutschland: 43 % der geschädigten Unternehmen vermuten die Täterinnen und Täter im Inland. 37 % geben an, die Handlungen wurden aus Osteuropa (ohne Russland) vorgenommen (2018/2019: 28 %). China (30 %) und Russland (23 %) wurden ebenfalls häufig als Ursprungsregionen identifiziert; seltener die USA (16 %). Indes konnten 31 % der Unternehmen keine Angaben machen, woher sie angegriffen wurden. Dieser Wert stieg im Vergleich zu den Jahren 2018/2019 um sieben Prozentpunkte – ein Indiz für erfolgreichere Verschleierungstaktiken der Angreifer.

WICHTIG

Um Cyberattacken so früh wie möglich zu erkennen und abzuwehren sowie die Folgeschäden wie Datenmissbrauch möglichst einzudämmen, ist es wichtig, die Vielfalt der Cyberattacken zu sehen, mit all ihren Angriffswegen, Angriffsverfahren, Angriffswerkzeugen und Tätergruppen. Entsprechend vielschichtig muss auch das Konzept der Cybersicherheit sein, um Datenpannen verhindern oder minimieren zu können.

Abb. 5: *Hinter vielen Cyberattacken steckt die organisierte Kriminalität, so eine Umfrage des Digitalverbands Bitkom (Bild: Bitkom)*

Abb. 6: *Der größte Täterkreis wird in den Cyberkriminellen gesehen, die kriminelle, finanzielle Ziele verfolgen, so auch die eco-Umfrage IT-Sicherheit 2022 (Bild: eco-Verband)*

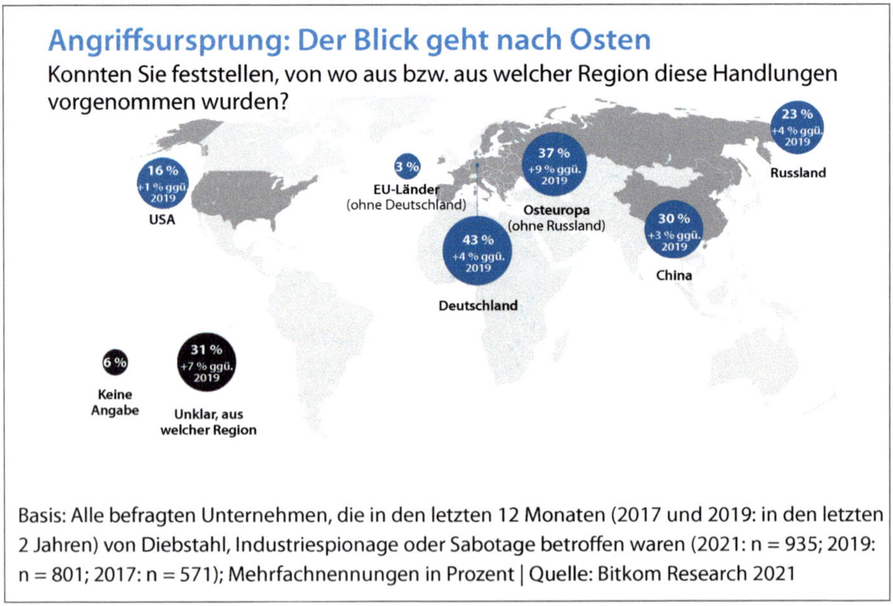

Abb. 7: *Die Angriffe kommen nicht nur von außerhalb, auch Innentäter gehören zu den möglichen Angreifern, wie eine Bitkom-Umfrage bestätigt (Bild: Bitkom)*

3/1.3 Die vielen Stufen einer Cyberattacke

Modell „MITRE ATT&CK" für den Ablauf einer Attacke

In der Cybersicherheit gibt es ein führendes Modell, das die einzelnen Schritte eines Cyberangriffs aufführt. Ein solches Modell hilft zum Beispiel bei der Entwicklung eines Konzepts der Cybersicherheit, da man entlang des Modells planen kann, wie man diese Phase der Attacke verhindern oder erkennen und die Folgen abmildern kann.

Selbst Hersteller für Cybersicherheitslösungen und Testinstitute verwenden das Modell MITRE ATT&CK (www.mitre.org), um eine Lösung möglichst genau mit ihren Funktionen und Leistungsparametern erfassen und einordnen zu können.

MITRE ATT&CK ist eine Wissensdatenbank, die von Netzwerkverteidigern häufig verwendet wird, wenn sie Sicherheitsbedrohungen analysieren und darüber berichten. Das Verständnis des gegnerischen Verhaltens ist oft ein entscheidender erster Schritt zum Schutz von Netzwerken und Daten, und der Erfolg, den Verteidiger beim Erkennen und Eindämmen von Cyberangriffen haben, hängt von diesem Verständnis ab. Ein solides Verständnis der Anwendung von ATT&CK kann zur Entwicklung von Profilen der Angreifenden verwendet werden, um Trendanalysen durchzuführen und die Berichterstattung zu Erkennungs-, Reaktions- und Minderungsmaßnahmen zu untermauern, so die Organisation MITRE.

Angriffs-Schritte:

Die Schritte eines Cyberangriffs

Die einzelnen Schritte einer Attacke nach dem MITRE ATT&CK Framework sind:

- **Schritt 1: Initiale Malware-Verseuchung**
  Eine Malware wird beim Opfer ausgebracht und ausgeführt, sie stellt heimlich die Verbindung zu dem Angreifenden her.
- **Schritt 2: Sammlung und Exfiltration**
  Der Angreifende führt einen Datendiebstahl durch, indem die Malware Daten einsammelt und versendet.

- **Schritt 3: Tarnung bereitstellen**
  Der Angreifende löscht die erste Malware, nutzt höhere Berechtigungen, die er erbeutet hat und stellt eine Verbindung nach extern her, um Daten auszuschleusen und eine Hintertür einzurichten.
- **Schritt 4: Aufräumen**
  Der Angreifende beseitigt Angriffsspuren und untersucht die weitere IT-Umgebung des Opfers.
- **Schritt 5: Persistenz herstellen**
  Der Angreifende richtet Wege für den dauerhaften Zugang zum Opfer ein.
- **Schritt 6: Zugriff auf Anmeldeinformationen**
  Der Angreifende sammelt verschiedene Formen von Anmeldeinformationen, die er erbeuten kann.
- **Schritt 7: Exfiltration**
  Der Angreifende sammelt weitere Daten des Opfers und schleust Daten aus.
- **Schritt 8: Zugriffe erweitern**
  Der Angreifende nutzt die erbeuteten Daten auf einem Remote-Computer aus.
- **Schritt 9: Bereinigen, Sammeln und Exfiltrieren**
  Der Angreifende setzt neue Tools ein, führt einen weiteren Datendiebstahl durch und bereinigt dann die Spuren auf dem Remote-Computer.
- **Schritt 10: Weitere Persistenz**
  Persistenzmechanismen (Verfahren für einen dauerhaften Zugang) werden ausgeführt, wenn der Computer des Opfers neu gestartet wird.
- **Schritt 11: Erneute Verseuchung des Systems**
  Neue Malware wird beim Opfer ausgeführt.
- **Schritt 12: Zugriff verstärken**
  Der Angreifende versucht wieder, Zugriffe zu erlangen und Spuren zu verbergen.
- **Schritt 13: Weitere Aufklärung**
  Der Angreifende untersucht mit weiteren Berechtigungen die IT-Umgebung des Opfers.
- **Schritt 14: Zugriff auf Anmeldeinformationen**
  Der Angreifende nutzt die höheren Berechtigungen und speichert weitere gestohlene Anmeldeinformationen.
- **Schritt 15: Persistenz herstellen**
  Der Angreifende richtet einen zweiten Weg für den dauerhaften Zugang zum Opfer ein.

- **Schritt 16: Erweiterung des Zugriffs**
  Der Angreifer speichert neue Anmeldeinformationen.
- **Schritt 17: Erfassung**
  Der Angreifer sammelt wieder Daten des Opfers und verschleiert den Angriff.
- **Schritt 18: Exfiltration**
  Der Angreifende schleust wieder die Daten aus.
- **Schritt 19: Aufräumen**
  Der Angreifende beseitigt wieder die Spuren.
- **Schritt 20: Persistenzausführung**
  Persistenzmechanismen werden wieder ausgeführt, wenn der Computer des Opfers neu gestartet wird. Das Ziel ist es, sich dauerhaft unerkannt einzunisten.

Auch wenn die genannten Schritte eines Cyberangriffs bereits recht detailliert aussehen mögen, fassen sie doch jeweils mehrere Teilschritte in sich zusammen. Dies macht deutlich, wie komplex eine Cyberattacke sein kann und entsprechend wie kompliziert der Schutz, die Erkennung, die Abwehr und die Eindämmung.

Cyberattacken bestehen nicht einfach nur aus dem Versand einer verseuchten E-Mail, sie bestehen aus vielen Schritten, deren Ziel es ist, immer mehr Daten einzusammeln, sie auszuschleusen, immer neue Berechtigungen und Anmeldedaten zu stehlen, erneut Daten zu erbeuten sowie einen dauerhaften, unerkannten Zugang einzurichten. Die Abwehr ist deshalb auch nicht mit nur einer einzelnen und temporären Maßnahme möglich, sie muss vielschichtig und dauerhaft sein.

3/2 Cyberattacken und die Schutzziele im Datenschutz

3/2.1 Cybersicherheit und die Grundsätze im Datenschutz

Cybersicherheit dient dem Schutz der Infrastrukturen, Systeme, Anwendungen und Daten im Cyberraum und damit auch dem Schutz der personenbezogenen Daten im Cyberraum. Dies wird auch deutlich, wenn man sich bestimmte Grundsätze für die Verarbeitung personenbezogener

Daten nach der Datenschutz-Grundverordnung (Art. 5 Abs. 1 Buchstabe f DSGVO) ansieht:

WICHTIG

Personenbezogene Daten müssen in einer Weise verarbeitet werden, die eine angemessene Sicherheit der personenbezogenen Daten gewährleistet, einschließlich Schutz vor unbefugter oder unrechtmäßiger Verarbeitung und vor unbeabsichtigtem Verlust, unbeabsichtigter Zerstörung oder unbeabsichtigter Schädigung durch geeignete technische und organisatorische Maßnahmen („Integrität und Vertraulichkeit").

Ebenso fordert die DSGVO in Art. 32 Abs. 1 für die Sicherheit der Verarbeitung personenbezogener Daten:

WICHTIG

...

b) die Fähigkeit, die Vertraulichkeit, Integrität, Verfügbarkeit und Belastbarkeit der Systeme und Dienste im Zusammenhang mit der Verarbeitung auf Dauer sicherzustellen;
c) die Fähigkeit, die Verfügbarkeit der personenbezogenen Daten und den Zugang zu ihnen bei einem physischen oder technischen Zwischenfall rasch wiederherzustellen;
d) ein Verfahren zur regelmäßigen Überprüfung, Bewertung und Evaluierung der Wirksamkeit der technischen und organisatorischen Maßnahmen zur Gewährleistung der Sicherheit der Verarbeitung.

...

Cyberattacken versuchen aber, genau diese Schutzziele der Vertraulichkeit, Verfügbarkeit, Integrität, Belastbarkeit und Wiederherstellbarkeit zu unterlaufen.

Angriffe auf die Vertraulichkeit

Viele Cyberangriffe haben das Ziel, vertrauliche Daten auszuspähen und dann zu missbrauchen. Meist haben diese Daten direkten oder indirekten Personenbezug.

BEISPIEL

Ein Beispiel für eine solche Attacke ist das Ausbringen einer Spyware, also einer Spionagesoftware, die vertrauliche Daten mitschreiben kann oder eine ungeschützte Datenverbindung abhört.

Angriffe auf die Verfügbarkeit und Wiederherstellbarkeit

Ebenso haben viele Cyberattacken das Ziel, Daten unbrauchbar zu machen, sie zu löschen und zu zerstören. Damit die Daten nicht wiederhergestellt werden können, werden auch die Datensicherungen und damit die Backups angegriffen, um sie zu zerstören und unbrauchbar zu machen.

BEISPIEL

Ein Beispiel für eine solche Attacke ist die gegenwärtig dominierende Variante von Cyberangriffen mittels Erpresser-Malware, also mit Ransomware, die kriminell Daten und möglichst auch die Datensicherung verschlüsselt und damit nicht mehr verfügbar und wiederherstellbar macht.

Angriffe auf die Integrität

Nicht ganz so häufig sind gegenwärtig Cyberangriffe, die die Daten manipulieren sollen, die Daten also verfälschen. Dies kann zum Ziel haben, digitale Spuren zu verwischen, aber auch falsche Informationen zu verteilen.

BEISPIEL

Ein möglicher Angriff ist die Veränderung von Webinhalten, das sogenannte Website Defacement. Denkbar ist es, so gefälschte Informationen zu streuen, die die Opfer schädigen oder weitere Attacken vorbereiten, indem die Opfer zuerst verunsichert und falsch informiert werden.

Angriffe gegen die Belastbarkeit

Cyberangriffe, die die Systeme zur Datenverarbeitung überlasten, werden auch Überlastungsangriffe genannt. Meist sind es **DoS-Attacken** oder **DDoS-Attacken** (Denial-of-Service- oder Distributed-Denial-of-Service-Attacken).

BEISPIEL

Dabei überlasten Angreifende zum Beispiel Webserver mit Anfragen so, dass diese überfordert sind und den Dienst einstellen, wenn der Angriff Erfolg hat. Die Website, die dieser Webserver veröffentlicht, geht dann offline. Die Überlastung des Webservers macht es schwierig bis unmöglich, auf die Daten, die der Server verwaltet, zuzugreifen. Mangelnde Belastbarkeit der IT wirkt sich so auf die Verfügbarkeit der Daten aus.

ACHTUNG!

Cyberattacken dienen somit vielfach genau dazu, die Schutzziele, die der Datenschutz nennt, auszuhebeln und die Daten ihrer Vertraulichkeit, Integrität und Verfügbarkeit sowie die Systeme ihrer Funktionalität zu berauben.

3/2.2 Cyberattacken führen zur Datenschutzverletzung

Wann der Datenschutz verletzt ist

Bekanntlich definiert die DSGVO die „Verletzung des Schutzes personenbezogener Daten" als „eine Verletzung der Sicherheit, die, ob unbeabsichtigt oder unrechtmäßig, zur Vernichtung, zum Verlust, zur Veränderung oder zur unbefugten Offenlegung von beziehungsweise zum unbefugten Zugang zu personenbezogenen Daten führt, die übermittelt, gespeichert oder auf sonstige Weise verarbeitet wurden".

Wie Cyberattacken den Datenschutz verletzen

Offensichtlich versuchen Cyberattacken genau das, also die Vernichtung, den Verlust, die Veränderung, die unbefugte Offenlegung von beziehungsweise den unbefugten Zugang zu personenbezogenen Daten zu erreichen. Man könnte also sagen, das Ziel einer Cyberattacke ist die Verletzung des Datenschutzes. Doch die Motive der Angreifenden liegen anders, sie wollen in aller Regel Profit durch die Attacken und mit den Daten machen.

WICHTIG

Deshalb ist es richtig, zu sagen, die Folge einer Cyberattacke ist in den meisten Fällen eine Datenschutzverletzung oder Datenpanne. Cybersicherheit hat also aus Sicht des Datenschutzes die Aufgabe, Datenpannen zu verhindern oder zumindest einzudämmen.

3/2.3 Cyberattacken erkennen, Daten schützen

Die Phasen der Cybersicherheit

Auf den ersten Blick würde man meinen, der sogenannte Cyberschutz wäre die Antwort auf die Cyberattacken, die den Datenschutz bedrohen. Doch die Cybersicherheit kennt mehr Phasen als den Cyberschutz, auch Cyber Protection genannt. In dieser Phase geht es darum, die Cyberangriffe zu verhindern, sodass insbesondere die Daten nie in den Zugriff Unbefugter kommen.

Leider gibt es keine Cyber Protection, die wirklich umfassenden Schutz bietet. Vielmehr muss man davon ausgehen, dass es Cyberattacken gibt, die kriminellen Erfolg haben, die also den Schutz überwinden.

Deshalb müssen Maßnahmen für die Cybersicherheit getroffen werden, die erfolgreiche Attacken erkennen. Diese Phase der Cybersicherheit wird Detection genannt. Ebenso müssen als Antwort auf die erkannten Attacken Maßnahmen ergriffen werden, die zur Abwehr und zur Eindämmung der Folgeschäden dienen. Diese Phase bezeichnet man als Response. Damit die betroffenen Daten wieder verfügbar und die angegriffenen Systeme wieder funktionstüchtig sind, kommt die Phase Recovery hinzu, also die Wiederherstellung, wie sie auch die DSGVO explizit für die Sicherheit der Verarbeitung (Art. 32 DSGVO) fordert.

Man kann also sagen, dass alle Phasen der Cybersicherheit für den Datenschutz relevant sind, die Protection, die Detection, die Response und die Recovery. Dies ist wichtig für die Ausgestaltung eines Konzepts der Cybersicherheit, denn für alle Phasen müssen Maßnahmen und Lösungen gefunden werden.

3/3 Cybersicherheit gegen Datenschutzverletzungen

3/3.1 Forderungen der IT-Sicherheitsbehörden

IT-Sicherheitsbehörden wie das Bundesamt für Sicherheit in der Informationstechnik (BSI) haben dargelegt, welche Anforderungen Lösungen und Dienstleister erfüllen müssen, die auch fortschrittliche Cyberattacken erkennen und abwehren können sollen. Man spricht hier auch von Advanced Persistent Threats (APTs), also fortschrittliche und dauerhafte Bedrohungen.

3/3.2 Maßnahmenkatalog, um Cyberattacken zu erkennen und einzudämmen

PRAXIS-TIPP

Im Folgenden werden aus den Anforderungen der IT-Sicherheitsbehörden die Maßnahmen der Cybersicherheit abgeleitet, die selbst gegen die APTs wirksam sind, diese erkennen und die Schäden durch APTs minimieren können. Damit bieten sie auch einen fortschrittlichen, dauerhaften Schutz gegen Datenschutzverletzungen oder sorgen zumindest dafür, dass die Folgen der Datenpanne begrenzt werden.

Zum Einsatz können dabei Lösungen kommen wie Endpoint Detection and Response (EDR), Network Detection and Response (NDR) und Extended Detection and Response (XDR), die noch ausführlich beschrieben werden.

Dabei ist zu beachten, dass die Maßnahmen eine hohe Security-Expertise verlangen, sodass unter Umständen der Einsatz eines professionellen Security-Dienstleisters geprüft werden sollte.

Aufnehmen in IT-Schutz- u. Notfallplan X

Sicherheitsmaßnahme	Fähigkeiten		Aufgenommen in das Konzept für Datensicherheit
	intern	extern	
Aufklärung des Umfangs des Angriffs und der aktiven Zugangskanäle	❑	❑	❑
Aussperrung des Angreifers	❑	❑	❑
Beobachtung neuer Angriffsversuche	❑	❑	❑
Säuberung manipulierter Systeme	❑	❑	❑
Suche und Erkennung weiterer möglicher Angriffe (sogenanntes Threat Hunting)	❑	❑	❑
IT-Forensische Untersuchungen von betroffenen Client- und Serversystemen	❑	❑	❑
Auswertung von Protokolldaten (z.B. Web-Proxy, Firewall-Logs, Betriebssystem- und Anwendungslogs)	❑	❑	❑
Netzwerkforensik	❑	❑	❑
Malware-Analyse (dynamische und statische Analyse evtl. eingesetzter Schadsoftware)	❑	❑	❑
Bestimmung der Fähigkeiten der Malware, um das Ausmaß des Angriffs abschätzen zu können sowie um Komponenten und Systeme für die Bereinigung zu bestimmen	❑	❑	❑
Ableiten von Indikatoren für einen Befall (Indicators of Compromise, IOC), damit weitere Systeme systematisch auf die Malware untersucht werden können	❑	❑	❑
Sammeln von Indizien für die Herkunft der Malware und damit möglicherweise des Angriffs	❑	❑	❑
Identifikation des initialen Infektionswegs	❑	❑	❑
Hinweise auf weitere betroffene Systeme und Nutzerkonten	❑	❑	❑
Aufspüren des Datenabflusses	❑	❑	❑

4 Die größten Cyberbedrohungen

Die Vielfalt der Cyberattacken ist enorm, entsprechend schwierig sind Planung und Umsetzung der Maßnahmen gegen die Cyberangriffe und zur Vermeidung von Datenschutzverletzungen im Cyberraum. Hilfreich ist es, eine Planungsbasis zu haben, die die größten Risiken durch Cyberattacken nennt.

Im Folgenden werden aktuelle Einschätzungen zur Cyberbedrohungslage betrachtet. Für die größten Cyberbedrohungen folgen dann Erläuterungen zu Angriffswegen und Angriffsverfahren, Maßnahmen zum Schutz und zur Erkennung und Abwehr, Aufgaben für Datenschutzbeauftragte und als Zusammenfassung jeweils ein Maßnahmenkatalog.

4/1 Die Einschätzungen zur Bedrohungslage

Für die Planung und Umsetzung der Cybersicherheit ist es wichtig, die Schutzmaßnahmen priorisieren zu können. Leider ist es kaum möglich, alle erforderlichen Maßnahmen gegen alle denkbaren Cyberattacken auf einmal umzusetzen. Deshalb empfiehlt es sich, zu priorisieren und eine Reihenfolge festzulegen.

Die größten Risiken durch Cyberattacken sollte man natürlich zuerst angehen. Doch welches sind die größten Risiken? Befragt man die Unternehmen selbst und zusätzlich Expertinnen und Experten für Cybersicherheit, findet man gewisse Übereinstimmungen, aber auch Abweichungen.

ONLINE

Ein guter Ansatzpunkt ist es, die Lagebewertung der Sicherheitsbehörden als erste Basis für die eigene Planung der Cybersicherheit zu nehmen. Hier können zum Beispiel die Lagebilder des BSI (Bundesamt für Sicherheit in der Informationstechnik) und des BKA (Bundeskriminalamt) helfen.

Zu finden sind die Lagebilder hier:

- Bundeskriminalamt (BKA):

> https://www.bka.de/DE/AktuelleInformationen/StatistikenLagebilder/Lagebilder/Cybercrime/cybercrime_node.html

- Bundesamt für Sicherheit in der Informationstechnik (BSI):

  https://www.bsi.bund.de/DE/Service-Navi/Publikationen/Lagebericht/lagebericht_node.html

Aus Umfragen lassen sich Einschätzungen der Unternehmen zur Bedrohungslage gewinnen. Die Wirtschaftsschutz-Umfrage des Digitalverbands Bitkom zeigt: Die größte Gefahr messen Unternehmen Angriffen mit Ransomware zu. 96 % halten solche Attacken für bedrohlich. Die Ausnutzung neuer Sicherheitslücken (Zero-Day-Schwachstellen) fürchten 95 % der Unternehmen. Auch Spyware-Angriffe (83 %), Angriffe mit Quantencomputern (79 %) sowie eingebaute Hintertüren, sogenannte „Backdoors" (78 %) werden von der Wirtschaft als bedrohlich erachtet.

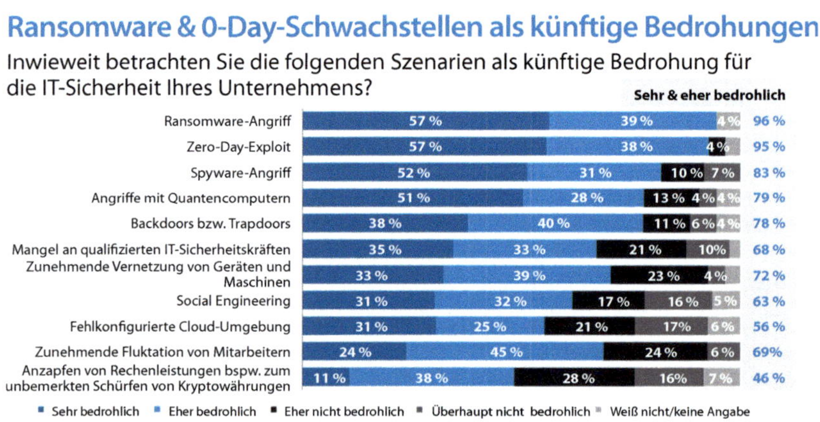

Basis: Alle befragten Unternehmen (n = 1.067); Werte ≤ 2 zur übersichtlicheren Darstellung ausgeblendet | Quelle: Bitkom Research 2021

Abb. 8: *Einschätzung der Unternehmen zur Bedrohungslage laut einer Umfrage des Digitalverbands Bitkom (Bild: Bitkom)*

4/2 EU-weites Ranking der Cybergefahren

Die EU-Agentur für Cybersicherheit ENISA hat ein Ranking der Cyberattacken veröffentlicht in dem Bericht ENISA Threat Landscape (ETL). Demnach gehören gegenwärtig zu den größten Bedrohungen durch Cyberattacken:

- Ransomware
- Malware
- Kryptojacking
- E-Mail-bezogene Bedrohungen
- Bedrohungen der Verfügbarkeit und Integrität
- Desinformation – Fehlinformation
- Nicht böswillige Bedrohungen
- Angriffe auf die Lieferkette

Diese sollen nun im Detail betrachtet werden.

4/2.1 Ransomware (Kriminelle Verschlüsselung und Erpressung)

Art der Cyberbedrohung

Ransomware-Attacken sind eine Art Cyberangriff, bei dem Angreifende die Daten einer Organisation verschlüsseln und eine Zahlung verlangen, um den Zugriff auf die betroffenen Daten wiederherzustellen. In einigen Fällen stehlen Angreifende auch die Informationen einer Organisation und verlangen zusätzlich eine Zahlung als Gegenleistung dafür, dass die Informationen nicht an Behörden, Wettbewerber oder die Öffentlichkeit weitergegeben werden.

Bedrohungslage

Der Ransomware-Report 2022 des Sicherheitsanbieters Ivanti identifiziert 32 neue Ransomware-Familien im Jahr 2021. Damit steigt deren Gesamtzahl auf 157, ein Anstieg um insgesamt 26 % im Vergleich zum Vorjahr. Der Report zeigt, dass diese Ransomware-Gruppen verstärkt auf nicht behobene Schwachstellen abzielen. Zudem setzen sie Zero-Day-Schwachstellen und damit bislang noch unbekannte Sicherheitslücken extrem schnell als Waffe ein, um schwerwiegende Angriffe zu starten. Parallel erweitern sie ihre Angriffsvektoren und finden immer neue Wege, um Unternehmensnetzwerke zu kompromittieren und Angriffe mit großer Tragweite auszulösen.

Die wichtigsten Erkenntnisse und Trends des Reports sind:

- **Ungepatchte Sicherheitslücken sind nach wie vor die wichtigsten Angriffsvektoren von Ransomware-Gruppen:**
  Bei der Analyse wurden im vergangenen Jahr 65 neue mit Ransomware assoziierte Schwachstellen aufgedeckt. Das entspricht einem Anstieg von 29 % im Vergleich zum Vorjahr. Damit steigt die Gesamtzahl, der mit Ransomware in Verbindung stehenden Schwachstellen auf 288. Alarmierend ist, dass über ein Drittel (37 %) dieser neu hinzugekommenen Schwachstellen Trendthemen im Dark Web waren und wiederholt ausgenutzt wurden. Parallel dazu wurden 56 % der 223 älteren Schwachstellen, die vor 2021 identifiziert wurden, weiterhin aktiv ausgenutzt. Dies zeigt, dass Unternehmen die Schwachstellen, auf die Ransomware-Gruppen abzielen, priorisieren und patchen müssen – unabhängig davon, ob es sich um neu identifizierte oder um ältere Schwachstellen handelt.
- **Ransomware-Gruppen nehmen zunehmend die Lieferketten ins Visier:**
  Eine einzige Kompromittierung innerhalb einer Lieferkette kann Bedrohungsakteuren mehrere Wege eröffnen, um die komplette System-Distribution in Hunderten von Opfernetzwerken zu kapern. Im vergangenen Jahr haben Bedrohungsakteure dies erfolgreich über Schwachstellen in Anwendungen von Drittanbietern, herstellerspezifischen Produkten und Open-Source-Bibliotheken gezeigt.
- **Ransomware-Gruppen stellen ihre Angriffsmethoden zunehmend als Service zur Verfügung:**
  Ransomware-as-a-Service ist ein Geschäftsmodell, bei dem Ransomware-Entwickler ihre Dienste, Varianten, Kits oder ihren Code anderen Hackern gegen Bezahlung anbieten. Exploit-as-a-Service-Lösungen ermöglichen es Bedrohungsakteuren, Zero-Day-Exploits von Entwicklern zu mieten. Darüber hinaus ermöglichen Dropper-as-a-Service Anfängern, Malware über Programme zu verbreiten. Und Trojaner-as-a-Service, auch Malware-as-a-Service genannt, ermöglicht es jedem, der über eine Internetverbindung verfügt, maßgeschneiderte Malware zu beziehen und in der Cloud zu verteilen, ohne dass eine Installation erforderlich ist.

Mit 157 Ransomware-Familien, die 288 Schwachstellen ausnutzen, werden Ransomware-Gruppen in den kommenden Jahren massenhaft Angriffe durchführen. Laut Studie zahlen Unternehmen nach einem Ransomware-Angriff durchschnittlich 220.000 US-Dollar und müssen 23 Tage Ausfallzeit in Kauf nehmen.

Angriffswege und Angriffsverfahren

Angriffswege sind meist E-Mail und Fernzugriffe

Phishing-E-Mails und Attacken auf Remote-Desktop-Protocol-(RDP-) Dienste für Fernzugriffe sind die beiden häufigsten Angriffswege für Ransomware-Attacken. Angreifende zielen auch auf die Kunden und/oder Partner der betroffenen Organisationen ab, um dort zusätzlich Lösegeld zu erpressen. Kryptowährungen bleiben die häufigste Auszahlungsmethode für die Lösegelder.

Ransomware-Angriffe werden üblicherweise stufenweise durchgeführt. Nach einer Infektion des Zielsystems, etwa durch Emotet oder unter Ausnutzung bestehender Schwachstellen, werden in einem weiteren Schritt andere Schadsoftware-Varianten nachgeladen. Sie dienen der Ausbreitung in den infizierten Netzwerken und schließlich der Verschlüsselung der Systeme. Diese Vorgänge werden oftmals von unterschiedlichen Tätergruppierungen durchgeführt, die in Dienstleistungsmodellen agieren. Das Bundeskriminalamt (BKA) spricht bei diesem Modell von „Cybercrime as a Service". Erfolgreiche Angriffe mit Ransomware können für jedes Unternehmen existenzbedrohende Ausmaße annehmen.

BEISPIEL

Beispiele für Attacken

Nach einem Cyberangriff auf einen amerikanischen Software-Hersteller ist es im Juli 2021 weltweit zu IT-Störungen gekommen. Zahlreiche IT-Dienstleister, deren Kunden und weitere Unternehmen sind Opfer von Verschlüsselungstrojanern, also Ransomware, geworden. Auch in Deutschland sind IT-Dienstleister und weitere Unternehmen betroffen. Nach Kenntnisstand des BSI wurden mehrere Tausend IT-Geräte verschlüsselt.

Am Beispiel von erfolgreichen Ransomware-Angriffen wird zudem deutlich, wie extrem sich mangelnde Informationssicherheit auswirken kann: So musste sich ein Krankenhaus für 13 Tage von der Notfallversorgung abmelden, wie das BSI mitteilte. Immer öfter sind auch ganze Lieferketten von derartigen Angriffen beeinträchtigt, mit Folgen nicht nur für die Opfer, sondern auch für deren Kunden oder für andere unbeteiligte Dritte.

BEISPIEL

„Ransomware-Angriffe sind nicht einfach mehr nur ein gewinnbringendes Mittel der organisierten Kriminalität. Ihre schwerwiegenden Auswirkungen sind mit gezielten Sabotage-Akten zu vergleichen. Um Ransomware bilden sich ganze Ökosysteme an Dienstleistungen und Plattformen. Die Auswirkung: Es kann jeden treffen, überall."

Arne Schönbohm, Präsident des Bundesamtes für Sicherheit in der Informationstechnik

Laut BSI wird auch deutlich, wie sehr sich die Angreifenden professionalisiert haben und welches Schadenspotenzial Ransomware-Angriffe künftig noch entwickeln können. Zum einen haben die Angreifenden in den vergangenen Jahren besonders in die Maximierung des Erpressungsdrucks investiert und zum anderen hat die Entstehung einer florierenden Cybercrime-Ökonomie Ransomware-Angriffe signifikant vereinfacht.

Notfallmaßnahmen

- **Kein Lösegeld bezahlen, sondern in Prävention investieren:**
  Das BSI weist ausdrücklich darauf hin, dass keine Lösegelder gezahlt werden sollten. Diese finanzieren ein disruptives Geschäftsmodell und geben keine Garantie, dass die Wiederherstellung der verschlüsselten Daten tatsächlich gelingt.
- **Grundlegende Erneuerung des IT-Netzwerks:**
  Eine grundlegende Erneuerung des betroffenen IT-Netzwerkes ist zudem auch nach einer etwaigen Entschlüsselung zwingend nötig.
- **Präventive IT-Sicherheitsmaßnahmen:**
  Präventive IT-Sicherheitsmaßnahmen sollten daher immer oberste Priorität haben und stetig verbessert werden.

Erkennung und Abwehr

- **Backups vorhalten, Angriffserkennung verbessern:**
  BSI und BKA raten angesichts der Bedrohungslage dazu, neben präventiven Maßnahmen auch die Detektions- und Reaktionsfähigkeiten zu stärken. So sollten insbesondere funktionsfähige Backups vorgehalten werden sowie Notfallkonzepte vorbereitet und eingeübt sein.
- **Betroffene sollten Strafanzeige erstatten:**
  Unabhängig davon gilt: Betroffene Unternehmen wie Privatpersonen sollten Strafanzeige bei ihrer örtlich zuständigen Polizeidienststelle oder den Zentralen Cybercrime Ansprechstellen für Unternehmen (ZAC) stellen, zu finden unter:

https://www.polizei.de/Polizei/DE/Einrichtungen/ZAC/zac_node.html

ONLINE

Nur so wird der tatsächliche Umfang dieses Kriminalitätsphänomens erkannt und kann gegen die Täter vorgegangen werden, wie das BSI betont.

Aufgaben für Datenschutzbeauftragte

- **Sensibilisieren und Prüfen von Datensicherung und Ransomware-Erkennung:**
  Erfolgreiche Ransomware-Attacken bedrohen durch die Verschlüsselung die Verfügbarkeit der Daten, im Fall der zusätzlichen Offenlegung der Daten auch die Vertraulichkeit. Entsprechend sind Ransomware-Angriffe ein hohes Risiko für den Datenschutz.
  Datenschutzbeauftragte sollten deshalb auf die Risiken für personenbezogene Daten durch Ransomware hinweisen und die Beschäftigten sowie die Geschäftsleitung auf mögliche Infektionswege wie E-Mails mit verseuchten Links hinweisen.
  Wichtig ist dabei, auf die Bedeutung vollständiger und geschützter Backups hinzuweisen und darauf, dass kein Lösegeld gezahlt werden sollte, da weder die Wiederherstellung dadurch garantiert ist noch ein kriminelles Geschäft durch Zahlungen gefördert werden sollte. Stattdessen sollten Unternehmen in moderne Lösungen zur Erkennung von Ransomware-Attacken investieren, wie zum Beispiel EDR (Endpoint Detection and Response).
- **Meldepflicht bei Ransomware-Attacken:**
  Der Europäische Datenschutzausschuss (EDSA) unterscheidet bei der Meldepflicht im Fall einer Ransomware-Attacke:
  - Erfolgt die Ransomware-Attacke, es besteht eine vollständige Datensicherung, und ein Datenabfluss kann ausgeschlossen werden, muss der Vorfall dokumentiert werden, eine Meldung an die zuständige Aufsicht oder die Betroffenen ist nicht erforderlich.
  - Erfolgt die Ransomware-Attacke und es besteht keine vollständige Datensicherung, muss der Vorfall dokumentiert und an die zuständige Aufsichtsbehörde gemeldet werden.
  - Hat die Ransomware-Attacke und damit die Verletzung des Schutzes personenbezogener Daten voraussichtlich ein hohes Risiko für die persönlichen Rechte und Freiheiten natürlicher Personen zur Folge, so benachrichtigt das Unternehmen die betroffene Person unverzüglich von der Verletzung. Dies ist zum Beispiel dann der Fall, wenn die vertraulichen Daten der Betroffenen von den Internetkriminellen verkauft oder öffentlich gemacht werden.
- **Zusammenarbeit mit Aufsichtsbehörden:**
  Aufgrund der sehr hohen Bedrohungslage von Angriffen mit Ransomware hat sich das BayLDA (Bayerisches Landesamt für Datenschutzaufsicht) entschieden, eine Prüfreihe diesem Thema zu widmen. Ziel ist, mit

zielgerichteten Prüffragen die wichtigsten Sicherheitsbereiche abzufragen sowie weitere Informationen für einen umfassenden Schutz anzubieten.

> „IT-Sicherheit zum Schutz vor Ransomware gehört zu den Pflichtaufgaben für alle Unternehmen, die personenbezogene Daten verarbeiten."
>
> *Michael Will, Präsident des Bayerischen Landesamtes für Datenschutzaufsicht*

Maßnahmenkatalog zu Ransomware

Sicherheitsbehörden wie die EU-Agentur für Cybersicherheit ENISA empfehlen eine Reihe von Schutzmaßnahmen gegen Ransomware-Attacken, die im Konzept der Cybersicherheit nicht fehlen und je nach vorhandenen Ressourcen intern oder extern (also mithilfe von geeigneten Dienstleistern) umgesetzt werden sollten.

Schutzmaßnahme	Fähigkeiten		Aufgenommen in das Konzept für Datensicherheit
	Intern	extern	
Implementierung von sicheren und redundanten Backup-Strategien	❑	❑	❑
Implementierung und Prüfung des Identitäts- und Zugriffsmanagements (minimale Berechtigungen und Aufgabentrennung)	❑	❑	❑
Schulung und Sensibilisierung der Benutzer (einschließlich privilegierter Benutzer zum Beispiel aus der IT-Administration)	❑	❑	❑
Trennung von Entwicklungs- und Produktionsumgebungen	❑	❑	❑
Backup und Wiederherstellung sollten regelmäßig getestet werden	❑	❑	❑

Schutzmaßnahme	Fähigkeiten		Aufgenommen in das Konzept für Datensicherheit
	Intern	extern	
Verwendung von Sicherheitsprodukten oder -diensten, die den Zugriff auf bekannte Ransomware-Sites blockieren und Ransomware an Signatur und/oder Verhalten erkennen	❑	❑	❑
Umsetzung und Einhaltung der Meldepflichten (insbesondere nach DSGVO und bei kritischen Infrastrukturen nach KRITIS-Verordnung)	❑	❑	❑
Systemüberwachung zur schnellen Identifizierung von Infektionen	❑	❑	❑
Mit den neuesten Ransomware-Trends, -Entwicklungen und -Präventionsvorschlägen Schritt halten	❑	❑	❑

4/2.2 Malware (Schadsoftware)

Art der Cyberbedrohung

Malware ist ein Oberbegriff, der jede Software, Firmware oder jeden Code beschreibt, der dazu bestimmt ist, eine böswillige Aktion auszuführen, die sich nachteilig auf die Vertraulichkeit, Integrität oder Verfügbarkeit eines Systems oder von Daten auswirkt.

Beispiele für Malware können Viren, Würmer, Trojaner oder auch Spyware sein. Eine Malware kann unterschiedliche Fähigkeiten haben. Zum Beispiel RATs (Remote-Access-Trojaner/-Tools) sind Schadprogramme, die es Angreifenden ermöglichen, ein infiziertes System fernzusteuern. Botnets sind ein „Roboternetzwerk" von Computern, die mit Malware infiziert sind und ferngesteuert werden. Trojaner sind Schadsoftware, die oft als legitime Software getarnt ist.

Bedrohungslage

Der G DATA Bedrohungsreport Q4/21 verzeichnet erstmals wieder eine starke Zunahme bei abgewehrten Angriffsversuchen auf Unternehmen und private Anwender. Vom dritten zum vierten Quartal 2021 stieg die Zahl der Angriffsversuche um 25 %. Die Rückkehr von Emotet und große Sicherheitslücken in öffentlich zugänglichen Diensten sind nur die Spitze des Eisbergs.

Die Zahl der abgewehrten Cyberattacken ist zum Jahresende 2021 wieder stark gestiegen. Dabei standen verstärkt private Anwender im Blickpunkt der Cyberkriminellen. Die Anzahl der abgewehrten Angriffe stieg um 29 %, während die Zunahme bei Unternehmen 15 % beträgt.

Nach einem koordinierten Abschalten (Takedown) im Januar 2021 kehrte Emotet im November 2021 wieder zurück. Eine Analyse von G DATA identifizierte erstmals wieder neue Varianten der Schadsoftware. In den vergangenen Jahren hatte sich Emotet den Ruf als eine der gefährlichsten Malware-Familien erarbeitet, weil sie insbesondere als Brückenkopf für Cyberangriffe auf Unternehmen aller Größen genutzt wird. Nach einer initialen Infizierung mit dem Schadprogramm folgte in der Vergangenheit oft eine Erpressung des kompromittierten Unternehmens mit einem Verschlüsselungstrojaner.

Mehr als 23,7 Millionen verschiedene Malware-Samples identifizierten die Sicherheitsexperten im Jahr 2021. Gegenüber 2020 ist dies eine Zunahme von über 47 %, die zeigt: Cyberkriminelle halten das Tempo weiterhin hoch. Sie veröffentlichen fast 65.000 neue Varianten ihrer Schadsoftware – pro Minute sind das 45 neue Angriffsvektoren. In der Hoffnung, dass Antivirenlösungen die Angreifer nicht erkennen und sie so den PC oder Laptop infiltrieren können.

Stark verändert haben sich die Malware-Top-10 im Vergleich zum Jahr 2020. Zum einen finden sich viele neue Malware-Familien wieder: Insgesamt sechs der zehn häufigsten Schadsoftwares sind neu. Zum anderen sind in diesem Ranking viele verschiedene Malware-Arten vertreten. Zuletzt haben immer Remote-Access-Trojaner einen Großteil der häufigsten Angriffsarten ausgemacht.

Eine Erklärung für das Ranking: Angreifer kombinieren verschiedene Schadsoftwares miteinander, um den Profit zu steigern. So nutzen sie für die initiale Infektion beispielsweise Emotet als Malware Distributor, leiten mit einem Information Stealer wie Dridex Daten aus dem Unternehmen ab und verschlüsseln am Ende die Systeme mit einer Ransomware wie etwa Shade.

Angriffswege und Angriffsverfahren

- **Das Ziel sind Download und Ausführung:**
  Malware kann auf verschiedenen Wegen verteilt werden, häufig ist der Angriffsweg über E-Mails, die verseuchte Anhänge oder Links mit sich führen. Die Opfer sollen die schädliche Software auf ihr System bringen und dort ausführen, also entweder installieren und aktivieren oder auch nur starten, wenn es sich um ausführbare Dateien handelt.

Notfallmaßnahmen

- **Genaue Kontrolle von Downloads und Dateiausführungen:**
  Der Schutz vor Malware besteht zum einen darin, keine unvorsichtigen und ungeprüften Downloads auszuführen und keine Programme ohne Sicherheitsprüfung zu installieren. Allerdings gibt es auch Malware, die sich selbst herunterladen und aktivieren kann. Dann geht es darum, eine solche Aktivität als verdächtiges Verhalten zu erkennen. Der Schutz selbst besteht aus der Nutzersensibilisierung, da Malware oftmals die ungewollte, ahnungslose Mitwirkung der Opfer benötigt, aber auch aus der technischen Blockade von verdächtigen Dateien, Anhängen und Links.

Erkennung und Abwehr

- **Signatur und/oder Verhaltensanalyse:**
  Bekannte Malware kann an ihrem „digitalen Fingerabdruck" erkannt werden, an der sogenannten Signatur, die eine Anti-Malware-Software in ihrer „Wissensdatenbank" vorhält. Um auch neue Varianten von Malware erkennen zu können, muss die Signatur regelmäßig aktualisiert werden.

Es gibt allerdings so viele neue Varianten und auch komplett neuartige Malware, dass allein die Erkennung über die Signatur nicht ausreicht. Zusätzlich ist eine intelligente Analyse der Aktivitäten mit und von Dateien notwendig, eine sogenannte Verhaltensanalyse. Dabei suchen Anti-Malware-Programme nach ungewöhnlichen Aktivitäten, nach Anomalien, zum Beispiel danach, ob ein Programm plötzlich versucht, Daten an eine externe Stelle zu übertragen, obwohl dies nicht üblich für dieses Programm oder diese Art von Programm ist.

Aufgaben für Datenschutzbeauftragte

- **Beschäftigte aufklären:**
  Malware benötigt in vielen Fällen die Unterstützung der Benutzerinnen und Benutzer, indem diese ahnungslos einen Link anklicken oder ein bösartiges Programm installieren. Deshalb ist es wichtig, die Mitarbeiterinnen und Mitarbeiter zu sensibilisieren, nicht einfach Links anzuklicken oder unbekannte Dateien auszuführen.
- **Schutzfunktionen hinterfragen:**
  Zudem müssen Anti-Malware-Lösungen genutzt werden, die neben der Signatur auch das Dateiverhalten auswerten, ohne jedoch die Aktivitäten der Nutzenden zu protokollieren. Es geht um eine Verhaltensanalyse für Dateien und nicht für Nutzende. Deshalb sollten Datenschutzbeauftragte auch die Funktionen der Anti-Malware-Software immer kritisch hinterfragen.
  So hat das BSI zum Beispiel erklärt: Antivirensoftware einschließlich der damit verbundenen echtzeitfähigen Clouddienste verfügt über weitreichende Systemberechtigungen und muss systembedingt (zumindest für Aktualisierungen) eine dauerhafte, verschlüsselte und nicht prüfbare Verbindung zu Servern des Herstellers unterhalten. Daher ist Vertrauen in die Zuverlässigkeit und den Eigenschutz eines Herstellers sowie seiner authentischen Handlungsfähigkeit entscheidend für den sicheren Einsatz solcher Systeme. Wenn Zweifel an der Zuverlässigkeit des Herstellers bestehen, birgt Virenschutzsoftware ein besonderes Risiko für eine zu schützende IT-Infrastruktur.

PRAXIS-TIPP

Maßnahmenkatalog zu Malware

Sicherheitsbehörden wie die EU-Agentur für Cybersicherheit ENISA empfehlen eine Reihe von Schutzmaßnahmen gegen Malware-Attacken, die im Konzept der Cybersicherheit nicht fehlen und je nach vorhandenen Ressourcen intern oder extern (also mithilfe von geeigneten Dienstleistern) umgesetzt werden sollten.

Schutzmaßnahme	Fähigkeiten		Aufgenommen in das Konzept für Datensicherheit
	intern	extern	
Malware-Erkennung für alle eingehenden/ausgehenden Kanäle, einschließlich E-Mail, Netzwerk, Web und Anwendungssysteme auf allen anwendbaren Plattformen (d.h. Server, Netzwerkinfrastruktur, PCs und mobile Geräte)	❑	❑	❑
Überprüfung SSL/TLS-Datenverkehr, damit die Firewall entschlüsseln kann, was zu und von Websites übertragen wird	❑	❑	❑
Schnittstellen zwischen Malware-Erkennungsfunktionen und Incident Management (Vorfall-Management), um effiziente Reaktionsfähigkeiten aufzubauen	❑	❑	❑
Sicherheitsrichtlinien, die die im Fall einer Infektion zu befolgenden Prozesse festlegen	❑	❑	❑
E-Mail-Filterung (oder Spam-Filterung) für schädliche E-Mails und ausführbare Anhänge	❑	❑	❑
Protokollüberwachung mithilfe von SIEM-Lösungen (Security Incident and Event Management)	❑	❑	❑

4/2.3 Kryptojacking

Art der Cyberbedrohung

Kryptojacking oder verstecktes Kryptomining ist eine Art von Cyberkriminalität, bei der ein Krimineller heimlich den Computer eines Opfers nutzt, um Kryptowährung zu erzeugen. Dies tritt normalerweise auf, wenn das Opfer unwissentlich ein bösartiges Programm installiert, das es dem Cyberkriminellen ermöglicht, auf den Computer oder andere mit dem Internet verbundene Geräte zuzugreifen.

Programme, die als „Coin Miner" bezeichnet werden, werden dann von den Kriminellen dazu verwendet, um die Kryptowährungen zu erstellen oder zu „minen". Dabei ist zu beachten, dass bei Lösegeldforderungen generell nach Kryptowährungen gefragt wird, zum Beispiel bei Ransomware-Angriffen.

Meist bleibt es nicht bei dem heimlichen Kryptomining, sondern die Angreifenden nutzen den etablierten Fernzugriff auch für eine Ausspähung oder die kriminelle Verschlüsselung von Daten.

Bedrohungslage

Der SonicWall Cyber Threat Report 2022 zeigt, dass nicht nur die Ransomware-Zahl mit 623,3 Millionen Angriffen weltweit exorbitant gestiegen ist. Fast alle beobachteten Bedrohungen, Cyberangriffe und bösartigen digitalen Attacken haben 2021 zugenommen, wie etwa Ransomware, verschlüsselte Bedrohungen, IoT-Malware und Kryptojacking.

Die Häufigkeit und Vielfalt von Cyberangriffen steigen Jahr für Jahr weiter und verursachen zunehmende Kosten für Organisationen. Kleine, mittlere und große Unternehmen werden durch eine wachsende Zahl verschiedenster Cyberattacken bedroht. Ohne zu wissen, worum es sich genau handelt oder wie Cyberkriminelle vorgehen, ist es schier unmöglich, geschäftskritische Daten effektiv zu schützen.

Die Kryptojacking-Zahlen stiegen letztes Jahr erneut um 19 % auf 97,1 Millionen weltweit – so viele Angriffe, wie dasTeam des SonicWall Capture Labs Threat Research in einem einzigen Jahr noch nie registriert hat.

Angriffswege und Angriffsverfahren

- **Spezielle Malware-Angriffe:**
  Bei den Kryptomining-Attacken handelt es sich um spezielle Malware-Angriffe. Entsprechend sind die bei Malware beschriebenen Angriffswege und Angriffsverfahren auch bei Kryptomining-Malware zutreffend.

Notfallmaßnahmen

- **Spezialfall von Malware:**
  Die Maßnahmen, die vor Malware schützen können, sind auch diejenigen, die gegen heimliches Kryptomining Schutz bieten. Wichtig ist dabei noch die zusätzliche Aufklärung der Nutzerinnen und Nutzer über den Missbrauch der infizierten Rechner zur kriminellen Erzeugung von Kryptowährungen und die Risiken für personenbezogene Daten.

Erkennung und Abwehr

- **Signaturen, Verhaltensanalysen und Ressourcenverbrauch:**
  Kryptomining-Malware gehört eher zu den neuartigen Formen von Malware. Aktuelle Signatur-Datenbanken enthalten nur die Anzeichen für bekannte Kryptomining-Malware. Zudem ist die Verhaltensanalyse besonders wichtig. Kryptomining-Malware missbraucht Rechenleistung des infizierten Systems, sodass die legitime Nutzung behindert und verlangsamt wird und der Energieverbrauch des Systems steigt. Deshalb kann auch eine Analyse des Ressourcenverbrauchs Hinweise auf eine entsprechende Attacke liefern.

Aufgaben für Datenschutzbeauftragte

- **Sensibilisierung der Benutzer insbesondere auf ein sicheres Surfverhalten:**
  Auf den ersten Blick scheint Kryptojacking oder verstecktes Kryptomining den Datenschutz nicht zu betreffen, doch weit gefehlt. Kaum ein Cyberkrimineller wird darauf verzichten, einen heimlichen Zugang zum System des Opfers nicht für weitere Angriffe zu nutzen, personenbe-

zogene Daten werden also in aller Regel auch zum Ziel. Darauf sollten Datenschutzbeauftragte hinweisen, denn die meisten Cyberattacken betreffen direkt oder indirekt personenbezogene Daten.

Maßnahmenkatalog zu Kryptojacking

PRAXIS-TIPP

Sicherheitsbehörden wie die EU-Agentur für Cybersicherheit ENISA empfehlen eine Reihe von Schutzmaßnahmen gegen Kryptojacking-Attacken, die im Konzept der Cybersicherheit nicht fehlen und je nach vorhandenen Ressourcen intern oder extern (also mithilfe von geeigneten Dienstleistern) umgesetzt werden sollten.

Schutzmaßnahme	Fähigkeiten		Aufgenommen in das Konzept für Datensicherheit
	Intern	extern	
Überwachung der Akkunutzung auf den Geräten der Benutzer	❑	❑	❑
Suche bei verdächtigen Spitzen bei der CPU-Auslastung nach dem Vorhandensein von dateibasierten Minern	❑	❑	❑
Webfilterung gängiger Cryptomining-Protokolle sowie Blacklisting (Sperrung) der IP-Adressen und Domains beliebter Kryptomining-IP-Pools	❑	❑	❑
Überwachung auf Netzwerkanomalien	❑	❑	❑
Endpoint Protection mithilfe von Antivirenprogrammen oder Crypto-Miner-blockierenden Browser-Plug-ins	❑	❑	❑
Schwachstellen- und Patch-Management zum Schutz vor neuen Bedrohungen und Schwachstellen	❑	❑	❑
Patches und Fixes gegen bekannte Exploits	❑	❑	❑

Schutzmaßnahme	Fähigkeiten		Aufgenommen in das Konzept für Datensicherheit
	Intern	extern	
Whitelisting, um zu verhindern, dass unbekannte ausführbare Dateien auf den Endpunkten ausgeführt werden	❑	❑	❑
Zulassungslisten, um nur die Ausführung bekannter ausführbarer Dateien auf den Endpunkten zuzulassen	❑	❑	❑
Sensibilisierung der Benutzer für Kryptojacking, insbesondere im Hinblick auf ein sicheres Surfverhalten	❑	❑	❑

4/2.4 E-Mail-bezogene Bedrohungen

Art der Cyberbedrohung

Unter Spam versteht man die vom Empfänger oder von der Empfängerin unerwünschten Nachrichten. Der Absender der unerwünschten Nachrichten wird Spammer genannt. Besonders bekannt sind die Spam-Mails als unerwünschte E-Mails, Spam kann jedoch über jeden elektronischen Nachrichtenkanal verteilt werden.

BEISPIEL

Spam-Attacken

Mehr als 75 % aller E-Mails gelten als Spam, teilweise werden weltweit Spam-Quoten von 95 % aller versandten E-Mails erreicht. Spam sollte nicht nur als unerwünschte Werbung gesehen werden, denn in Spam-Nachrichten können versteckte Risiken enthalten sein.

Spam wird als Ärgernis und Störung empfunden, die damit verbundenen Risiken werden jedoch oftmals übersehen. Hinter Spam steckt also nicht nur ungewollte Werbung, sondern oftmals ein Angriff auf die Datensicherheit und den Datenschutz.

Bedrohungslage

Im Cyber Threat Report Edition 2021/2022 veröffentlicht Hornetsecurity Insights und Daten zur aktuellen Bedrohungslage mit Fokus auf den Haupteinfallsvektor E-Mail-Kommunikation. Der Report gibt unter anderem Einblicke in die Entwicklungen des Spam- und Advanced-Threat-Aufkommens, zeigt auf, welche Branchen derzeit am meisten bedroht sind, und identifiziert die am häufigsten verwendeten Methoden bei Cyberangriffen.

Als Hauptkommunikationsmittel für Unternehmen ist die E-Mail eines der Haupteinfallstore für Cyberkriminalität. Die Threat Researcher des Hornetsecurity Security Lab stellten fest, dass 40 % aller eingehenden E-Mails des gesamten E-Mail-Verkehrs im Untersuchungszeitraum eine potenzielle Bedrohung darstellten. Darunter fallen vor allem Spam, Phishing-E-Mails sowie Advanced Threats wie CEO-Fraud und jegliche Art von Schadsoftware.

Phishing, schädliche Links und Ransomware zählen zu den populärsten Angriffstaktiken der Hacker. Beliebt ist vor allem die „Brand Impersonation". Hierfür kopieren Cyberkriminelle das Corporate Design der imitierten Firma und benennen die Absenderadresse so, dass sie von der originalen E-Mail-Adresse kaum zu unterscheiden ist. Ziel ist es vor allem, an die Zugangsdaten der Nutzer zu gelangen oder über versteckte Links Malware zu verbreiten. Mit 16,5 % ist die Deutsche Post bzw. DHL unter den Top 5 der am häufigsten imitierten Marken.

Der „State of the Phish Report 2022" von Proofpoint liefert einen detaillierten Überblick über das Thema Phishing und gibt Auskunft über die Anfälligkeit und die Sensibilisierung der Anwender. Dem Bericht zufolge waren die Täter im Jahr 2021 aktiver als im vorherigen Jahr. Die Ergebnisse zeigen zudem, dass mehr als drei Viertel (78 %) aller Unternehmen im Jahr 2021 von Ransomware-Angriffen per E-Mail betroffen waren. Gleichzeitig wurden 77 % der Unternehmen mit BEC-Angriffen (Business Email Compromise, auch Chef-Masche genannt) konfrontiert – ein Anstieg um 18 % im Vergleich zu 2020. Dies belegt einmal mehr, dass sich Cyberkriminelle nach wie vor darauf konzentrieren, Menschen als Schwachstelle auszunutzen, anstatt sich über technische Sicherheitslücken Zugang zu Systemen zu verschaffen.

Wie aus dem State of the Phish Report hervorgeht, hatten Cyberangriffe im Jahr 2021 viel größere Auswirkungen als im Vorjahr: 83 % der Umfrageteilnehmer gaben an, dass ihre Organisation mindestens einen erfolgreichen E-Mail-basierten Phishing-Angriff erlitten hat. Im Jahr zuvor waren lediglich 57 % davon betroffen. Analog dazu gaben mehr als zwei Drittel (68 %) der Unternehmen an, dass sie mit mindestens einer Ransomware-Infektion konfrontiert waren, die auf eine direkte E-Mail-Payload, eine Malware im Rahmen einer mehrstufigen Attacke oder einen anderen Exploit zurückzuführen war. Der Anstieg fällt im Vergleich zum Vorjahr konstant aus, ist jedoch repräsentativ für die Herausforderungen, denen sich Unternehmen angesichts der Zunahme von Ransomware-Angriffen im Jahr 2021 stellen mussten.

Der Trend in Richtung hybrider Arbeitsformen hat sich 2021 beschleunigt. 81 % der Unternehmen geben an, dass mehr als die Hälfte ihrer Mitarbeiter wegen der Pandemie ihrer Arbeit im Homeoffice nachgeht (entweder teilweise oder vollständig). Allerdings schulen nur 37 % ihre Mitarbeiter auch hinsichtlich bewährter Praktiken für das Homeoffice. Dieser Wert liefert einen besorgniserregenden Beleg dafür, dass eine große Lücke im Wissen vieler Angestellter klafft, wenn es um bewährte Sicherheitspraktiken für die neue Normalität des Arbeitens geht. So verwundert es auch nicht, dass beispielsweise 97 % der Arbeitnehmer angaben, dass sie zu Hause über ein WLAN-Netzwerk verfügen, allerdings nur 60 % ihr Netzwerk durch ein Passwort schützen – ein gravierender Mangel hinsichtlich fundamentaler Sicherheitsmaßnahmen.

Viele Arbeitnehmer legen riskante Verhaltensweisen an den Tag und halten sich nicht an bewährte Verfahren in Sachen Cybersicherheit. 42 % der Befragten gaben an, dass sie im Jahr 2021 eine gefährliche Aktion ausgeführt haben, also auf einen bösartigen Link geklickt, Malware heruntergeladen oder ihre persönlichen Daten bzw. Anmeldedaten preisgegeben haben. Und 56 % der Angestellten, die Zugang zu einem vom Arbeitgeber zur Verfügung gestellten Gerät (Laptop, Smartphone, Tablet usw.) haben, erlaubten Freunden und Familienangehörigen, diese Geräte zu nutzen, um beispielsweise Spiele zu spielen, Musik und Filme zu streamen oder online einzukaufen.

Angriffswege und Angriffsverfahren

- **Versteckte Attacken in Spam-Mails:**
  In Spam-Nachrichten können verseuchte Hyperlinks enthalten sein, also Internetverknüpfungen, die bei Anklicken zum Herunterladen einer Schadsoftware führen. Spam-Nachrichten tragen mitunter einen Dateianhang, der ebenfalls eine getarnte Schadsoftware sein kann.
  Durch eine gezielte Themenwahl (Betreff und Inhalt der Spam-Nachricht) werden Attacken auf bestimmte Personengruppen durchgeführt (zum Beispiel auf Kunden einer bestimmten Bank).
  Spam ist immer schwieriger zu erkennen. Die Spammer verwenden im Vergleich zu früher ein besseres Deutsch, eine persönliche Anrede des Spam-Opfers und scheinbar bekannte Absender.
  Spam-Nachrichten nutzen insbesondere die Neugier (z.B. angebliche Todesnachricht eines Stars) und die Besorgnis (z.B. „Ihr Konto wurde gesperrt") des Opfers aus, um zu einer Reaktion zu verführen (Anklicken des verseuchten Hyperlinks, Öffnen des verseuchten Dateianhangs, Beantworten der Spam-Nachrichten und Preisgabe personenbezogener, vertraulicher Daten wie z.B. Passwörter).

Notfallmaßnahmen

- **Mail-Attacken wie Spam lassen sich nicht verhindern:**
  Attacken über Mail wie Spam nutzen es aus, dass das Opfer empfangsbereit sein wird, denn es werden auch legitime E-Mails erwartet. Deshalb kann es keinen „Schutzwall" gegen Mail-Angriffe geben, mit dem alle Mails abgehalten werden, denn dies ist nicht zweckdienlich für den Betrieb eines Mail-Dienstes und die Nutzung eines Mail-Kontos.
  Aus diesem Grund sind Cyberattacken über Mail auch besonders beliebt.

Erkennung und Abwehr

- **Einsatz von Spam-Filtern:**
  Um die Spam-Nachrichten innerhalb des gesamten Nachrichtenstroms erkennen zu können, werden Spam-Filter eingesetzt. Spam-Filter untersuchen Nachrichten nach definierten Kriterien, zum Beispiel nach bekannten Spammer-Absenderadressen (Schwarze Liste der Spammer),

dem Auftreten bestimmter Schlagwörter, nach der Anzahl enthaltener Hyperlinks und nach Art des Dateianhangs. Die Spammer variieren jedoch ihre Methoden, sodass ein Spam-Filter keine hundertprozentige Erkennungsquote vorweisen kann.
Spam-Filter können auch gewollte Nachrichten fehlerhaft als Spam einstufen und z.B. in einen speziellen Spam-Ordner verschieben. Dadurch könnten zeitkritische wichtige Nachrichten erst mit einer zeitlichen Verzögerung entdeckt werden. Mitunter werden von Nutzern auch Einstellungen bei Spam-Filtern getätigt, die Spam automatisch löschen. Von solchen Einstellungen ist wegen der begrenzten Erkennungsquote der Spam-Filter abzuraten.

Aufgaben für Datenschutzbeauftragte

- **Spam-Filter und der Datenschutz:**
  Der Einsatz von Spam-Filtern ist rechtlich zu bewerten. Für den Einsatz von Spam-Filtern ist eine entsprechende Betriebsvereinbarung vorzusehen. Ist zum Beispiel die Privatnutzung von E-Mail erlaubt, darf die als Spam eingestufte Nachricht nicht ohne Zustimmung des Empfängers unterdrückt werden. Eine inhaltliche Kontrolle eingehender Nachrichten (z.B. Suche nach Schlagworten, um Spam zu erkennen) ist bei erlaubter Privatnutzung der digitalen Kommunikation ohne Zustimmung des Empfängers nicht erlaubt. Nicht erlaubt ist dann auch eine zentrale manuelle Prüfung der als Spam eingestuften Nachrichten durch einen Administrator. Statt zentraler Spam-Filter sollten deshalb lokale Spam-Filter zum Einsatz kommen, die z.B. innerhalb des lokalen E-Mail-Programms arbeiten und von dem Nutzer selbst administriert werden.
- **Training für Spam-Filter und Nutzer:**
  Zuerst einmal sollten Sie die Spam-Filter, ihre Möglichkeiten und Grenzen vorstellen, gerade dann, wenn die Spam-Filterung (auch) lokal auf dem PC, Notebook, Tablet oder Smartphone geschieht. Dann sollten Sie darauf hinweisen, dass ein Spam-Filter nie vollständig verhindern kann, dass ungewollte und teils auch bösartige E-Mails im Posteingang landen. Aber man kann einiges dafür tun, dass der genutzte Spam-Filter im E-Mail-Client besser wird. Erklären Sie deshalb in einer Unterweisung, wie man die unerwünschten E-Mails am besten behandelt. Zeigen Sie dabei beispielhaft die Einstellungen in einem E-Mail-Client.

Maßnahmenkatalog zu Mail-Attacken wie Spam

PRAXIS-TIPP

Für die Abwehr von Spam sind Spam-Filter aufgrund der begrenzten Erkennungsrate nicht ausreichend. Sicherheitsbehörden wie die EU-Agentur für Cybersicherheit ENISA empfehlen eine Reihe von Schutzmaßnahmen gegen Mail-Attacken, die im Konzept der Cybersicherheit nicht fehlen und je nach vorhandenen Ressourcen intern oder extern (also mithilfe von geeigneten Dienstleistern) umgesetzt werden sollten.

Schutzmaßnahme	Fähigkeiten		Aufgenommen in das Konzept für Datensicherheit
	Intern	extern	
Aktueller Schutz gegen Schadsoftware sowie Firewall auf Server und Endpunkten	❑	❑	❑
Schulung der Mitarbeiterinnen und Mitarbeiter, damit die psychologischen Tricks der Spammer bekannt werden (z.B. angebliche Nachricht der Bank über eine Kontosperrung)	❑	❑	❑
Unterweisung zum richtigen Verhalten bei Eingang einer Spam-Nachricht (keine Hyperlinks anklicken, keine Dateianhänge öffnen, bevor diese auf Schadsoftware geprüft wurden, keine Antwort auf Spam-Nachrichten)	❑	❑	❑
Maßnahmen, die die unkontrollierte Verbreitung der E-Mail-Adressen und anderer Kommunikationsadressen verhindern (z.B. E-Mail-Adressen nur als Bild veröffentlichen, nicht als durchsuchbaren Text)	❑	❑	❑

4/2.5 Bedrohungen der Verfügbarkeit und Integrität

Art der Cyberbedrohung

Verfügbarkeit und Integrität sind das Ziel einer Fülle von Angriffen, darunter insbesondere Distributed Denial of Service (DDoS) und Webangriffe. Distributed Denial of Service zielt auf die System- und Datenverfügbarkeit ab. Die Folge der Attacken ist, dass Benutzende eines Systems oder Dienstes nicht in der Lage sind, auf relevante Informationen, Dienste oder andere Ressourcen zuzugreifen. Das kann durch Überlastung von Komponenten der Netzwerkinfrastruktur erreicht werden.

Bedrohungslage

Über die letzten Jahre konnte ein konstanter Anstieg von Distributed-Denial-of-Service-Angriffen verzeichnet werden – vor allem forciert durch Erpresserwellen, so der DDoS-Report 2021 von Link11.

Schwerpunktartig sorgen dabei DDoS-Angriffe für den Ausfall von komplexen IT-Infrastrukturen beispielsweise bei Behörden oder Finanzinstituten zum Ziel der Sabotage und Verunsicherung.

Laut Report ist die Zahl von DDoS-Attacken zwischen 2020 und 2021 um 41 % gestiegen. Gegenüber einem ohnehin schon hohen Niveau getrieben durch Cyberkriminelle, die aus der Digitalisierungswelle zu Beginn der Pandemie Kapital schlagen wollten, hat die Menge der Angriffe weiter zugelegt.

Auch die Angriffsbandbreiten folgen dem gleichen Trend und haben beständig zugenommen. Zusätzlich vermerkt Link11 eine Zunahme des „Carpet Bombings", d.h. der konzertierten Überflutung von Systemen mit einzelnen Nadelstichen. Bei diesen technisch sehr komplexen Angriffen ist der Datenverkehr pro IP-Adresse im Gegensatz zu den Hochvolumen-Attacken so gering, dass viele Schutzlösungen sie nicht als Anomalie erkennen. Die Angriffe unterwandern das Radar und sind schwer zu entschärfen.

Daneben verstärkte sich abermals Ransom-DDoS als Trend: Immer mehr Cyberkriminelle fordern bei DDoS-Attacken Lösegeld. Verstärkend auf diesen Trend könnte sich die Tatsache auswirken, dass DDoS-Attacken im vergangenen Jahr oftmals auch als Nebelkerze getarnt, z.B. in Verbindung mit einem Ransomware-Angriff, zum Einsatz kamen. Im Windschatten eines massiven DDoS-Angriffes können Hacker so unbemerkt durch die digitale Hintertür der Netzwerksicherheit eindringen und beispielsweise Malware platzieren, bevor sie die Webserver zum Durchbooten zwingen.

Darüber hinaus wurden 71 % aller Angriffe als Multivektor identifiziert. Das heißt, dass die Täter mehrere Zugangswege und Methoden nutzten – was heute zunehmend zum Normalfall wird. Die Herausforderung: Je mehr Schwachstellen und Protokolle die Angreifer nutzen, umso schwieriger ist die Angriffserkennung und Abwehr, womit die Erfolgswahrscheinlichkeit für Angreifer steigt. Denn unterm Strich handelt es sich um verschiedene, synchron ablaufende Attacken, die ebenso einzeln identifiziert werden müssen. Im Jahr 2020 hatte der Anteil von Multivektor-Angriffen noch bei 59 % gelegen.

BEISPIEL

Log4Shell

Die Schwachstelle namens „Log4Shell" in der weit verbreiteten Java-Bibliothek Log4j führte nach Einschätzung des Bundesamts für Sicherheit in der Informationstechnik (BSI) zu einer kritischen IT-Sicherheitslage.

Die Schwachstelle wurde mit unterschiedlichen Angriffsformen weltweit ausgenutzt. Neben Angriffen mit Krypto-Minern (dadurch werden die betroffenen Systeme zur Errechnung von Krypto-Währungen missbraucht) oder Botnetzen (die betroffenen Systeme werden in Botnetze integriert, mit denen bspw. DDoS-Angriffe durchgeführt werden), sind auch Ransomware-Angriffe bekannt geworden. Bei Ransomware-Angriffen werden Computer oder ganze Netzwerke verschlüsselt und die Betroffenen um Lösegeld erpresst.

Angriffswege und Angriffsverfahren

- **Attacken über das Web:**
  Webbasierte Angriffe zielen hauptsächlich auf Datenintegrität und -verfügbarkeit ab. DDoS- und webbasierte Angriffe sind oft koordinierte Aktivitäten. DDoS-Angriffe können auf einem webbasierten Angriff aufbauen. Beispielsweise können webbasierte Angriffe übernommen wer-

den, um ein Botnetz aufzubauen, das wird dann verwendet, um einen Denial-of-Service-Angriff auszuführen, der darauf abzielt, ein System nicht verfügbar zu machen.

Notfallmaßnahmen

- **Die Angriffswege müssen blockiert, also Schwachstellen beseitigt werden:**
  Webangriffe umfassen Bedrohungen wie Injektionen und Fehlfunktionen von Anwendungen, die sich auf IT-Systeme in ihrer Gesamtheit auswirken. Um sich zu schützen, müssen folgende Faktoren berücksichtigt werden:
  - Fehlkonfiguration der Sicherheit verhindern:
    Nicht gepatchte Software ist ein bevorzugtes Mittel, das von Angreifern ausgenutzt wird, um Sicherheitsvorkehrungen zu umgehen und unbefugten Zugriff auf Systeme zu erlangen.
  - Cyber-Angreifer verwandeln die „Sicherheitsabwehr in Waffen"
    Beispielsweise können sichere, verschlüsselte Kanäle verwendet werden, um die heimliche Verbreitung von Malware vorzunehmen, um gesicherte Transaktionen zu stören und um Daten herauszufiltern.

  Schließlich führt ein Mangel an serverseitiger Überprüfung oder Zugriffskontrollen zu einem Risiko.

Erkennung und Abwehr

- **Überlastung frühzeitig erkennen und abwenden:**
  Webattacken lassen sich durch das Aufspüren ungewöhnlicher Webaktivitäten aufspüren und mit speziellen Firewalls (WAF, Web Application Firewalls) blockieren.
  DDoS-Attacken dürfen nicht erst dadurch erkannt werden, dass der Ausfall eines Dienstes gemeldet wird. Vielmehr müssen die Anzeichen für eine bevorstehende Überlastung erkannt und die Angriffswelle dann umgeleitet werden. Hierfür gibt es spezielle Anti-DDoS-Lösungen.

Aufgaben für Datenschutzbeauftragte

- **Für Webrisiken sensibilisieren:**
  Wenn Verfügbarkeit und Integrität der Daten bedroht sind, kann eine Datenschutzverletzung vorliegen. Datenschutzbeauftragte sollten also das Thema der Webattacken und DDoS-Attacken auf die Agenda der Unternehmensleitung bringen.
- **Einsatz von Web-Application-Firewall-Lösungen und Funktionen für Anti-DDoS prüfen:**
  Es gibt professionelle Möglichkeiten, gegen Webattacken und DDoS-Angriffe vorzugehen. Dazu müssen aber die über das Internet zugänglichen Schwachstellen geschlossen sowie WAF-Lösungen und Funktionen für Anti-DDoS eingesetzt werden. Darauf sollte Datenschutzbeauftragte drängen, um das hohe Risiko für Datenpannen abzusenken.

Maßnahmenkatalog zu Angriffen auf Verfügbarkeit und Integrität

PRAXIS-TIPP

Sicherheitsbehörden wie die EU-Agentur für Cybersicherheit ENISA empfehlen eine Reihe von Schutzmaßnahmen gegen Webattacken und DDoS, die im Konzept der Cybersicherheit nicht fehlen und je nach vorhandenen Ressourcen intern oder extern (also mithilfe von geeigneten Dienstleistern) umgesetzt werden sollten.

Schutzmaßnahme	Fähigkeiten		Aufgenommen in das Konzept für Datensicherheit
	Intern	extern	
Ausfallsicherheit als Priorität für Reaktionsteams	❑	❑	❑
DDoS-Schutz mit einer lokalen Lösung, einem DDoS-Dienst oder einer Hybridlösung	❑	❑	❑
Verwendung von Netzwerk- und Webanwendungs-Firewalls (Web Application Firewall (WAF))	❑	❑	❑
Antivirus-Lösungen, um Malware-Infektionen einzudämmen	❑	❑	❑

Schutzmaßnahme	Fähigkeiten		Aufgenommen in das Konzept für Datensicherheit
	Intern	extern	
netzwerkbasiertes Intrusion-Detection-System, um Systemeinbrüche zu erkennen	❑	❑	❑
Systemaktualisierungen als hohe Priorität, um Zero-Day-Angriffe, also Attacken, die ganz neue Schwachstellen ausnutzen, zu verhindern	❑	❑	❑
Datenverkehrsprofilerstellung und Datenverkehrsfilterung, um Frühwarnzeichen für anormale Verkehrsmuster zu finden	❑	❑	❑
Schutz webbasierter Schnittstellen (APIs) und Überwachung auf damit verbundene Schwachstellen	❑	❑	❑
Mitarbeiterschulungen und Cybersicherheitübungen	❑	❑	❑
Richtige Konfiguration von Webservern, keine unnötigen Schnittstellen und Funktionen (sogenannte Härtung des Servers)	❑	❑	❑
Penetrationstests zur Suche nach offenen Schwachstellen, die Angreifer ausnutzen könnten	❑	❑	❑

4/2.6 Desinformation – Fehlinformation

Art der Cyberbedrohung

Desinformation ist ein vorsätzlicher Angriff, bei dem falsche oder irreführende Informationen erstellt oder weitergegeben werden. Fehlinformationen (Misinformation) sind Vorfälle, bei denen versehentlich Informationen geteilt werden. Die Ungenauigkeiten in den Informationen sind unbeabsichtigt.

Werden über eine Person öffentlich falsche Informationen verbreitet, ist die Privatsphäre der Person betroffen, denn personenbezogene Daten müssen auch korrekt sein, es gilt der Grundsatz der Richtigkeit nach DSGVO (Datenschutz-Grundverordnung). Doch auch der Empfänger und die Empfängerin der Falschinformation kann Datenrisiken ausgesetzt sein.

Desinformation und Fehlinformation werden häufig bei mehrstufigen Angriffen eingesetzt, um Zweifel zu schüren oder Verwirrung zu stiften. Zum Beispiel werden die Empfängerinnen und Empfänger der falschen Nachrichten zu Fehlern und mangelnder Vorsicht angestiftet, also zum Beispiel zur Installation einer schädlichen Software, die angeblich hilfreich sein soll.

Bedrohungslage

Wie der Cyber Security Report 2021 von Deloitte zeigt, sehen Entscheidungsträgerinnen und Entscheidungsträger als größtes Cyberrisiko für die Bevölkerung den Datenbetrug im Internet: 77 % bewerten das als großes Cyberrisiko, ein neuer Höchstwert.

Genannt wird aber auch das Risiko digitaler Manipulation: Entsprechend groß ist die Sorge um die Manipulation der öffentlichen Meinung durch Fake News. 75 % der Entscheidungsträgerinnen und -träger sehen hier große Gefahren.

Angriffswege und Angriffsverfahren

- **Falschinformationen auf allen Kanälen:**
  Wie der Digitalverband Bitkom berichtet hat, nehmen Verbraucherinnen und Verbraucher über alle Medien hinweg offensichtlich falsche Nachrichten oder Berichte wahr. Neun von zehn Social-Media-Nutzern (92 %) ist dies in sozialen Netzwerken aufgefallen, dabei war jeder Dritte (33 %) häufig mit bewussten Falschinformationen konfrontiert.
  In klassischen Medien wurden Falschnachrichten etwas seltener beobachtet (79 % aller Verbraucher insgesamt, 21 % häufig). Über Messenger wie WhatsApp oder Telegram hat jeder zweite Messenger-Nutzer (53 %) im Vorjahr Falschinformationen erhalten.

Notfallmaßnahmen

- **Gefahren frühzeitig erkennen:**
  Es ist wichtig zu verstehen, dass Desinformations- und Fehlinformationsangriffe zu den vorbereitenden Aktivitäten für andere Angriffe (z.B. Phishing, Social Engineering, Malware-Infektion) gehören.
  Darüber hinaus werden solche Bedrohungen oft zusammen mit anderen Cybersicherheitsbedrohungen eingesetzt, was zu fortschrittlichen hybriden Bedrohungen führt. Es sollte auch betont werden, dass das Hauptziel dieser Bedrohungen darin besteht, das Vertrauen zu untergraben, das die Grundlage der Cybersicherheit darstellt.

Erkennung und Abwehr

- **Mensch und Technik sind gefragt:**
  Maßnahmen zum Schutz, aber auch zur Erkennung und Abwehr von Misinformation und Desinformation umfassen sowohl technische als auch nichttechnische Bereiche.
  Auf der einen Seite sind Schulung und Sensibilisierung notwendig, ebenso Richtlinien zur Faktenprüfung. Nutzerinnen und Nutzer sollten wissen, dass man Informationen nicht vorschnell Glauben schenken und diese dann gleich weiterverbreiten sollte. Zudem sollten sie wissen, wie man die Echtheit von Informationen überprüfen kann.
  Andererseits sind technische Lösungen wichtig, um die Verbreitung von Fehl-/Desinformationen zu begrenzen, gerade in sozialen Netzwerken. Dazu gehört es zum Beispiel, die Echtheit von Bildern durch digitale Signaturen und Wasserzeichen zu bestätigen.

Aufgaben für Datenschutzbeauftragte

- **Sensibilisierung für Risiken durch Falschinformationen:**
  Da der Bezug zwischen Datenschutz und Falschinformationen sowie die möglichen Risiken durch darauf aufbauende Cyberattacken nicht bekannt genug sind, sollten Datenschutzbeauftragte darüber aufklären:
  - Falschinformationen dienen einerseits zur Vorbereitung weiterer Attacken, sie können indirekt zu einer Untergrabung von Vertraulichkeit und Verfügbarkeit führen. Sind personenbezogene Daten selbst von

der Manipulation betroffen, ist die Integrität der Daten verletzt. So könnten falsche Informationen über eine Person verbreitet werden.
- Misinformation hingegen geschieht unabsichtlich und kann durch einen ungewollten Datenabfluss auftreten, der selbst die Vertraulichkeit verletzt.

- **Meldepflichtig oder nicht?**
  Zudem kann eine Meldepflicht für die Datenschutzverletzung eintreten, die im Unternehmen bekannt sein muss:
  - Werden personenbezogene Daten absichtlich oder ungewollt verändert und zudem Dritten zur Verfügung gestellt, gilt es zum einen den Vorfall zu dokumentieren, zum anderen sollte die zuständige Aufsichtsbehörde informiert werden, bei entsprechendem Risiko auch die betroffene Person. Das ist insbesondere dann der Fall, wenn zum Beispiel rufschädigende Informationen absichtlich oder ungewollt verbreitet werden. Das könnten zum Beispiel falsche Informationen über die wirtschaftliche Situation einer Person sein.

Maßnahmenkatalog zu Desinformation und Misinformation

PRAXIS-TIPP

IT-Sicherheitsbehörden wie die EU-Agentur für Cybersicherheit ENISA empfehlen folgende technische Maßnahmen gegen Desinformation und Misinformation, die im Konzept der Cybersicherheit nicht fehlen und je nach vorhandenen Ressourcen intern oder extern (also mithilfe von geeigneten Dienstleistern) umgesetzt werden sollten.

Schutzmaßnahme	Fähigkeiten		Aufgenommen in das Konzept für Datensicherheit
	Intern	extern	
Sperrung gefälschter Konten in sozialen Netzwerken	❑	❑	❑
Mechanismen zum Filtern und Kennzeichnen gefälschter Nachrichten	❑	❑	❑

Schutzmaßnahme	Fähigkeiten		Aufgenommen in das Konzept für Datensicherheit
	Intern	extern	
Reduzierung von automatischen Aktivitäten in sozialen Netzwerken, die manipuliert werden oder fehlerhaft sein könnten	❑	❑	❑
Nutzung von Apps und Diensten, die von Faktenprüfern betrieben werden	❑	❑	❑
Sensibilisierungskampagnen bei den Beschäftigten über die Risiken von Falschinformationen	❑	❑	❑
Digitale Wasserzeichen und digitale Signaturen (Kennzeichnung visueller und allgemein digitaler Inhalte zur Echtheit)	❑	❑	❑

4/2.7 Nicht böswillige Bedrohungen

Art der Cyberbedrohung

Viele Cyber-Vorfälle passieren ohne Absicht der Verursachenden, oder sie werden erst durch die Fehler der Nutzenden möglich. So erklärt die EU-Agentur für Cybersicherheit ENISA: Mit der wachsenden Anzahl von Systemen und Geräten, die mit dem Netzwerk verbunden sind, sind unbeabsichtigte Fehler weiterhin eine der am häufigsten ausgenutzten Sicherheitslücken bei Cybersicherheitsvorfällen. Neue Lösungen zur Reduzierung dieser Fehler werden einen wichtigen Beitrag zur Reduzierung der Anzahl von Vorfällen leisten.

Bedrohungslage

Nicht böswillige Bedrohungen haben bereits in der Vergangenheit einen erheblichen Einfluss auf die Funktionsweise von IT-Systemen gehabt, aber ihre Auswirkungen werden sich verschärfen, da sind sich die IT-Sicherheitsbehörden sicher.

Gründe für die zunehmende Bedrohung durch Fehler und andere nicht böswillige Gefahren sind die wachsende Komplexität der Systeme und Infrastrukturen, die zunehmende Migration in Cloud-Umgebungen, die Integration von IoT-Geräten und Edge Computing, die begrenzte Menge an Zeit, Fähigkeiten und Ressourcen und damit der Fachkräftemangel.

Angriffswege und Angriffsverfahren

- **Angriffe über die „Schwachstelle Mensch":**
  Das Beispiel Pandemie macht sehr deutlich, wie der Faktor „Mensch" als Einfallstor für Angriffe ausgenutzt wird: Die Unsicherheit und Überforderung durch die COVID-19-Pandemie, der reale und empfundene Zeitdruck sowie die gesellschaftliche und mediale Dominanz des bestimmenden Themas wurden von Angreifern ausgenutzt, um Opfer durch Phishing-Angriffe und andere Betrugsformen zur Herausgabe sensibler Informationen oder personenbezogener Daten zu bewegen, so das BSI. Daten-Leaks, Cyberraum auf Videokonferenzen, schlecht abgesicherte VPN-Server oder der Einsatz privater IT im beruflichen Kontext führten ebenso zu Sicherheitsvorfällen. Dabei nutzten die Angreifer insbesondere menschliche Fehler aus, wie eine fehlerhafte Konfiguration der IT und unzureichende Sicherheitseinstellungen.

Notfallmaßnahmen

- **Von der Schwachstelle Mensch zur sogenannten Human Firewall:**
  Phishing, CEO-Fraud und andere Versuche von Cyberkriminellen, im großen Stil an Daten einzelner oder von Firmen zu gelangen, erfolgen meist über den Faktor Mensch, so das BSI.

BEISPIEL

„Menschen machen Fehler, das ist ganz normal. Diese Fehler sollten aber nicht dazu führen, dass Schaden für das Unternehmen entsteht, etwa durch Datenabfluss, Know-how-Diebstahl oder unautorisierte Geldtransfers. Der Faktor Mensch ist deswegen ein wesentlicher Bestandteil jedes nachhaltigen Sicherheitskonzepts."

Arne Schönbohm, Präsident des Bundesamtes für Sicherheit in der Informationstechnik

Die Schutzmaßnahmen gegen nicht böswillige Bedrohungen bestehen also insbesondere durch die Sensibilisierung, man sagt auch, man macht aus dem Menschen eine „Human Firewall". Neben Schulungen sind auch technische Hilfsmittel wichtig, die Nutzerinnen und Nutzer bei möglichen Fehlern warnen, also zum Beispiel bei der Verwendung von mobilen Datenspeichern an die notwendige Verschlüsselung erinnern.

Erkennung und Abwehr

- **Auf alle Arten menschlicher Fehler achten:**
  Wie die IT-Sicherheitsbehörde ENISA erklärte, sollte man mehrere Typen von Personen unterscheiden, die zu Cyberbedrohungen führen oder beitragen können:
  - Nachlässige Mitarbeitende, die Daten falsch behandeln, Nutzungsrichtlinien brechen und nicht autorisierte Anwendungen installieren
  - Insider oder Innentäter, die Informationen im Auftrag von Außenstehenden stehlen
  - Verärgerte Mitarbeitende, die versuchen, ihrer Organisation Schaden zuzufügen

  Nicht böswillige Bedrohungen werden zum Beispiel von den nachlässigen Beschäftigten verursacht, sie können aber den gleichen Schaden anrichten wie die absichtlich verursachten Vorfälle, sei es aus Verärgerung oder krimineller Motivation.
  Deshalb gilt es, unter Beachtung des Datenschutzes zu versuchen, jedes mögliche Fehlverhalten aufzudecken, wie zum Beispiel den Zugriff auf Dateien, die nicht für die Person bestimmt sind. Ob dies aus Versehen oder aus Absicht geschieht, sollte dann im nächsten Schritt geklärt werden.

Aufgaben für Datenschutzbeauftragte

- **Sensibilisieren und auf Datenschutz bei Nutzerkontrolle achten:** Datenschutzbeauftragte haben hier zwei Aufgabenbereiche:
  - Zum einen sollten sie für die möglichen Folgen von mangelnder Vorsicht und Nachlässigkeiten für den Datenschutz hinweisen. Nutzerinnen und Nutzer müssen geschult werden im richtigen Umgang mit personenbezogenen Daten, um Fehler zu vermeiden.
  - Dann gilt es aber auch, die Kontrollmaßnahmen zu hinterfragen, mit denen riskante Nutzeraktivitäten gesucht und geprüft werden. Diese Maßnahmen dürfen nicht zu anlassloser Überwachung führen und für eine Leistungs- und Verhaltenskontrolle zweckentfremdet werden. Die DSGVO fordert auch hier die klare Zweckbindung der Daten.

Maßnahmenkatalog zu nicht böswilligen Bedrohungen

PRAXIS-TIPP

IT-Sicherheitsbehörden wie die EU-Agentur für Cybersicherheit ENISA empfehlen unter anderem folgende technische Maßnahmen gegen nicht böswillige Bedrohungen, die im Konzept der Cybersicherheit nicht fehlen und je nach vorhandenen Ressourcen intern oder extern (also mithilfe von geeigneten Dienstleistern) umgesetzt werden sollten.

Schutzmaßnahme	Fähigkeiten		Aufgenommen in das Konzept für Datensicherheit
	Intern	extern	
Vermeidung von Schatten-IT (nur freigegebene IT darf genutzt werden)	❑	❑	❑
Kontinuierliche Tests, um Fehler und Fehlkonfigurationen rechtzeitig zu erkennen	❑	❑	❑
Priorisierung des Patch-Managements, um auf Updates zu drängen	❑	❑	❑
Schulung und Sensibilisierung für alle Arten von Benutzern, auch von Administratoren	❑	❑	❑

Schutzmaßnahme	Fähigkeiten		Aufgenommen in das Konzept für Datensicherheit
	Intern	extern	
Zero-Trust-Sicherheitsansatz, unter der Annahme, dass alles erst einmal als bösartig und nicht vertrauenswürdig angesehen wird	❑	❑	❑

4/2.8 *Angriffe auf die Lieferkette (Supply-Chain-Attacken)*

Art der Cyberbedrohung

Eine Lieferkette besteht aus einem Ökosystem von Prozessen, Personen und Organisationen, die an der Erstellung und Lieferung eines Produkts beteiligt sind. In der IT umfasst die Lieferkette eine Vielzahl von Ressourcen (Hardware und Software), Speicher (Cloud oder lokal) und Netzwerken.

Ein Supply-Chain-Angriff auf die vernetzte IT ist eine Kombination von Angriffen:

- Der erste Angriff erfolgt auf einen Lieferanten, um dessen als vertrauenswürdig eingestuften Zugang zu dem Hauptziel, zum Beispiel den Kunden, zu missbrauchen.
- Der zweite Angriff nutzt die infizierten Infrastrukturen des Lieferanten aus und erreicht darüber den Kunden.

Möglich wird eine solche Attacke also durch das Ausnutzen von Schwachstellen bei den Lieferanten und dieunzureichend kontrollierte Verbindung zwischen Lieferant und Kunde, wenn dieser das Hauptziel des Angriffs ist. Eine weitere Möglichkeit für eine solche Attacke ist, dass IT-Komponenten, die ein Unternehmen einbaut oder nutzt, bereits mit Schwachstellen versehen sind, die dann ausgenutzt werden. Man kann also sagen, die Schwachstellen und das Angriffsrisiko werden mitgeliefert.

Bedrohungslage

Die diversifizierte Lieferkette, die die heutige Technologiebranche kennzeichnet, bietet Angreifenden neue Möglichkeiten, die komplexen Systeme zu nutzen und die vielfältigen Schwachstellen auszunutzen, die durch ein heterogenes Ökosystem von Drittanbietern verursacht werden, erklärt ENISA.

Attacken auf Lieferketten sind keine Seltenheit: Immer öfter sind ganze Lieferketten von Angriffen beeinträchtigt, mit Folgen nicht nur für die Opfer, sondern auch für deren Kunden oder für andere unbeteiligte Dritte, sagt zum Beispiel das BSI.

Beispiel-Attacke

Die Java-Protokollierungsbibliothek „Log4j" ist weit verbreitet. Sie ist Bestandteil vieler kommerzieller Produkte genauso wie von Open-Source-Software, aber auch selbst entwickelter Java-Anwendungen. Durch die Schwachstelle „Log4Shell" konnten Angreifende über das Internet eigene Programmcodes ausführen und damit einen Brückenkopf für weitere Cyberattacken installieren. Dadurch drohte auch längerfristig die Kompromittierung vieler Dienste und vielfach sogar Einschränkungen des Regelbetriebs wichtiger Systeme.

Das BayLDA bewertete die Lage aus Datenschutzsicht als alarmierend:

„Das Bedrohungspotential der Schwachstelle Log4Shell kann kaum ernst genug genommen werden. Verantwortliche müssen nun umgehend aktiv werden, um die eigenen Systeme zu prüfen und die Schwachstelle zu beseitigen. Bereits in der jüngeren Vergangenheit haben Cyberangriffe über andere Sicherheitslücken zu enormen Schäden geführt. Log4Shell hat das Potential, diese Risiken zu übertreffen und branchenübergreifend zahlreiche Betriebe in ihrem Arbeitsalltag massiv zu stören. Wir beobachten die Entwicklung daher intensiv und mit größter Sorge."

Michael Will, Präsident des Bayerischen Landesamts für Datenschutzaufsicht

Nicht nur wirtschaftlich, sondern auch datenschutzrechtlich ist ein solches Szenario mit schwerwiegenden Konsequenzen verbunden, so das BayLDA. Letztendlich drohen Verantwortlichen insbesondere ein Abfluss personenbezogener Daten, eine Nicht-Verfügbarkeit wichtiger Systeme und Dienste oder eine Einrichtung von Backdoors für spätere Cyberattacken. Selbst Angriffe mit Ransomware zur Erpressung der betroffenen Betriebe sind wahrscheinlich.

Angriffswege und Angriffsverfahren

- **Versteckte Malware in der Software von Lieferanten:**
  Zwischen dem Angriff auf einen oder mehrere Lieferanten und dem späteren Angriff auf das Hauptziel am Ende der Lieferkette können Monate vergehen. In vielen Fällen kann ein solcher Angriff sogar lange unentdeckt bleiben. Ähnlich wie APT-Angriffe (Advanced Persistent Threat) sind Lieferkettenangriffe in der Regel zielgerichtet, recht komplex und aufwendig, da die Angreifenden sie wahrscheinlich lange im Voraus planen.
  Bei von ENISA untersuchten Attacken konzentrierten sich die Angreifenden bei etwa 66 % der gemeldeten Vorfälle auf den Code des Lieferanten, um dort Malware zu verstecken. Dies zeigt, dass Unternehmen ihre Bemühungen darauf konzentrieren sollten, Code und Software von Drittanbietern zu validieren, bevor sie diese verwenden, um sicherzustellen, sie diese nicht manipuliert wurden.
  Bei etwa 58 % der analysierten Vorfälle in der Lieferkette handelte es sich bei den betroffenen Vermögenswerten überwiegend um Kundendaten, andere personenbezogene Daten und geistiges Eigentum.

Abb. 9: *Angriffe auf die Lieferkette beschäftigen Cybersicherheitsexperten seit vielen Jahren, da die Kettenreaktion, die durch einen Angriff auf einen einzelnen Lieferanten ausgelöst wird, ein Netzwerk von Unternehmen gefährden kann. Malware ist die Angriffstechnik, auf die Angreifer bei den meisten Lieferketten-Angriffen zurückgreifen, so die EU-Agentur für Cybersicherheit ENISA. (Bild: ENISA)*

Notfallmaßnahmen

- **Gefahren frühzeitig erkennen:**
  Um die Risiken durch Schwachstellen Dritter in der eigenen IT zu minimieren, sollten Unternehmen Sicherheitsvorfälle bei Lieferanten und Partnern als mögliche Vorstufe für eine Attacke sehen und prüfen, wo Zugriffe durch die betroffenen Unternehmen bei ihnen möglich sind und wo sie womöglich Software, Hardware oder andere IT-Komponenten von den betroffenen Lieferanten bei sich einsetzen.

Erkennung und Abwehr

- **Eigener Schutz reicht nicht aus:**
  Sicherheitsbehörden und Datenschutzaufsichtsbehörden betonen, dass die eigene Cybersicherheit für den Schutz gegen Lieferketten-

Attacken unzureichend ist, sodass auch die Sicherheit bei den Lieferanten und Partnern in den Blick genommen werden muss.
Gibt es IT-Komponenten des betroffenen Lieferanten im eigenen Unternehmen, müssen die Schwachstellen des Lieferanten als eigene Sicherheitslücken verstanden und behandelt werden.

Aufgaben für Datenschutzbeauftragte

- **Auf Risiken durch Schwachstellen Dritter hinweisen:**
  Datenschutzbeauftragte sollten deutlich machen, dass der eigene Cyber-Schutz nicht ausreicht, wenn eine Attacke über die Lieferkette stattfindet. Wird den Zugriffen oder der gelieferten Software oder Hardware ungeprüft vertraut, kann darüber ein Angriff erfolgen. Viele Unternehmen sehen dieses Risiko nicht und glauben sich gut geschützt, da sie nur Angriffe von unbekannten Dritten erwarten und nicht, dass ihre Lieferanten und Partner als Brücke für Attacken missbraucht werden.
- **Meldepflicht prüfen:**
  Unternehmen müssen bei Schwachstellen Dritter, die mit ihnen als Partner oder Lieferant in Verbindung stehen, jeweils prüfen, ob die eigenen IT-Systeme und Anwendungen von der Sicherheitslücke betroffen sind. Ist bereits eine Sicherheitsverletzung eingetreten, weil die Sicherheitslücke aktiv ausgenutzt wurde und IT-Systeme mit personenbezogenen Daten betroffen sind, besteht nach DSGVO eine Meldepflicht bei der zuständigen Datenschutzaufsichtsbehörde.

Maßnahmenkatalog zu Lieferketten-Attacken (Supply-Chain-Attacken)

PRAXIS-TIPP

IT-Sicherheitsbehörden wie die EU-Agentur für Cybersicherheit ENISA empfehlen folgende technische Maßnahmen gegen Lieferketten-Angriffe, die im Konzept der Cybersicherheit nicht fehlen und je nach vorhandenen Ressourcen intern oder extern (also mithilfe von geeigneten Dienstleistern) umgesetzt werden sollten.

Schutzmaßnahme	Fähigkeiten		Aufgenommen in das Konzept für Datensicherheit
	Intern	extern	
Identifizierung und Dokumentation von Lieferanten und Dienstleistern	❑	❑	❑
Definition von Risikokriterien für verschiedene Arten von Lieferanten und Dienstleistungen, wie Lieferanten- und Kundenabhängigkeiten sowie kritische Softwareabhängigkeiten	❑	❑	❑
Verwaltung von Lieferanten über den gesamten Lebenszyklus eines Produkts oder einer Dienstleistung, einschließlich Verfahren zum Umgang mit Produkten oder Komponenten am Ende ihrer Lebensdauer	❑	❑	❑
Klassifizierung von Informationen, die mit Lieferanten geteilt werden oder für diese zugänglich sind, und Festlegung relevanter Verfahren für den Zugriff auf und den Umgang mit ihnen	❑	❑	❑
Sicherstellen, dass die Infrastruktur, die zum Entwerfen, Entwickeln, Herstellen und Liefern von Produkten, Komponenten und Dienstleistungen verwendet wird, den Cybersicherheitspraktiken entspricht	❑	❑	❑
Implementierung eines Produktentwicklungs-, Wartungs- und Supportprozesses, der mit allgemein akzeptierten Produktentwicklungsprozessen übereinstimmt	❑	❑	❑
Überwachung von Sicherheitslücken, die von internen und externen Quellen gemeldet werden, einschließlich verwendeter Komponenten von Drittanbietern	❑	❑	❑
Führen eines IT-Inventars, das Patch-relevante Informationen zu den Lieferanten enthält	❑	❑	❑

5 Beteiligung der Datenschutzbeauftragten am Cybersicherheitskonzept

Datenschutzbeauftragte sollten in alle Phasen der Entwicklung und Umsetzung eines Cybersicherheitskonzepts beratend einbezogen werden, in die Risikoanalyse und die Notfallvorsorge genauso wie in die Maßnahmen zur Erkennung und Abwehr der Cyberattacken. Dabei geht es immer darum, dass die Forderungen des Datenschutzes berücksichtigt werden, in allen Phasen der Cybersicherheit, in der Prävention, im Cyber-Schutz, in der Detektion und Reaktion sowie in der Bewältigung und Kommunikation des Cybervorfalls, der in aller Regel auch eine Datenschutzverletzung darstellt. Im Folgenden werden Hinweise und Handlungsempfehlungen für Datenschutzbeauftragte dazu gegeben.

5/1 Bestimmung der Cyberrisiken für personenbezogene Daten

5/1.1 Zu schützende Daten bestimmen und lokalisieren

Um zuerst den **Schutzbedarf der personenbezogenen Daten vor Cyberrisiken** zu ermitteln und zu dokumentieren, sollten Datenschutzbeauftragte folgende Schritte ergreifen:

- vorkommende Datenkategorien bei allen vernetzten Verfahren ermitteln
- bewerten, ob es sich um personenbezogene Daten handelt (wie Personaldaten, Kundendaten) und ob es sich gegebenenfalls um besondere Kategorien von personenbezogenen Daten handelt
- den Schutzbedarf bewerten hinsichtlich Verfügbarkeit, Vertraulichkeit und Integrität

Um den ermittelten Schutzbedarf mit entsprechenden Schutzmaßnahmen umzusetzen, sollten Datenschutzbeauftragte im nächsten Schritt die zu schützenden Datenkategorien innerhalb der IT-Infrastruktur **lokalisieren** lassen.

So können die personenbezogenen Daten insbesondere verarbeitet und vorgehalten werden:

- in Cloud-Diensten und generell bei Auftragnehmern im Rahmen der Auftragsverarbeitung
- in Heimnetzwerken (Homeoffices)
- auf mobilen Endgeräten des Außendienstes
- auf verschiedenen Servern
- auf stationären und mobilen Clients (PCs, Notebooks, Tablets, Smartphones)
- in stationären und mobilen Speicherelementen

PRAXIS-TIPP

Nachdem die Datenschutzbeauftragten den Schutzbedarf der personenbezogenen Daten ermittelt und die Verarbeitungsorte bestimmt haben, gilt es nun, die relevanten IT-Systeme nach ihren Risiken und Schwachstellen abzuklopfen und schließlich die passenden technischen und organisatorischen Schutzmaßnahmen festzulegen, umzusetzen und zu überwachen.

5/1.2 Risiko analysieren für die Verarbeitungsorte und Verfahren

Die **Bestandsaufnahme der möglichen Cyberrisiken** ist keine Aufgabe, die Datenschutzbeauftragte allein bewältigen sollten oder müssen. Hilfreich ist es, eine Gruppe aus IT-Leitung, IT-Sicherheitsbeauftragten, Fachverantwortlichen und Datenschutzbeauftragten zu bilden, die gemeinsam nach den Cyberrisiken sucht. Beispiele für die Risiken durch Cyberattacken nennt das vorausgehende Kapitel.

Nachdem die Cyberrisiken identifiziert und die Schwachstellen ausgemacht wurden, müssen die Risiken noch bewertet werden. Nicht jedes Risiko ist gleich hoch, vielmehr unterscheiden sich Risiken durch eine unterschiedliche Eintrittswahrscheinlichkeit und verschiedene potenzielle Schadenshöhen.

Das Ziel der Risikoanalyse ist es, möglichst viele Risiken auszuschließen und die Risiken, die sich nicht vollständig ausschließen lassen, zu vermindern.

Betriebswirtschaftlich gesehen gibt es noch die Möglichkeit, bestimmte Cyberrisiken abzuwälzen, also über eine entsprechende Cyber-Versicherung den möglichen Schaden finanziell abzusichern, oder aber das Schadensrisiko eigenverantwortlich zu tragen. Dabei sollte in jedem Fall auch die umfassende Deckung von Schäden Dritter, insbesondere der Betroffenen im Sinne des Datenschutzes, berücksichtigt werden.

Für nicht auszuschließende Risiken sollte man Grenzwerte festlegen, die das für das Unternehmen tragbare Restrisiko definieren. Denkbar ist es, dass bestimmte Wiederanlaufzeiten nach einem Systemausfall oder die minimal sicherzustellenden Verfügbarkeiten festgelegt werden. Dadurch kann der Aufwand für die Bewältigung der Risiken und die zu ergreifenden Gegenmaßnahmen beschränkt werden.

5/1.3 Schutzmaßnahmen mit dem Risk Owner benennen und umsetzen

Nach der Identifikation, Analyse und Bewertung der Cyberrisiken sollten Datenschutzbeauftragte die **Schutzmaßnahmen** in den Blick nehmen. Zu den technischen und organisatorischen Maßnahmen sollten in der Gruppe nicht nur Termine für die Umsetzung gefunden werden, sondern auch Zuständigkeiten und Verantwortlichkeiten. Man spricht dabei von einem Risk Owner, also jemandem, dem ein Risiko gehört (im Sinne von „zuständig sein"). Der Risk Owner sollte bei der Definition der Maßnahmen mitwirken.

5/2 Hinweise zur Wahl der Schutzmaßnahmen der Cybersicherheit

5/2.1 Datenschutzgerechte Schutzmaßnahmen vorschlagen

Gemeinsam mit IT-Sicherheitsverantwortlichen sollten Datenschutzbeauftragte Vorschläge für Schutzmaßnahmen erarbeiten, die den erkannten Cyberrisiken entgegenwirken **und** die Vorgaben des Datenschutzes respektieren. Die Entscheidung, welche Schutzmaßnahmen tatsächlich eingesetzt werden sollen, obliegt der Unternehmensleitung.

Wichtig dabei ist die Verhältnismäßigkeit der Schutzmaßnahmen, die sich an den Schutzzielen zu orientieren hat. Die einzelnen Schutzmaßnahmen sollte man deshalb nach den folgenden Kriterien bewerten:

- Kann das Schutzziel des Datenschutzes neben dem Cybersicherheitsschutzziel nachweislich mit der Maßnahme erreicht werden?
- Ist die Maßnahme rechtlich zulässig?
- Ist der finanzielle, organisatorische und personelle Aufwand für das Schutzziel angemessen?
- Ist die Maßnahme in der täglichen Praxis umsetzbar?

5/2.2 Schutzmaßnahmen müssen nach DSGVO dauerhaft wirksam sein

Cyberrisiken können sich im Laufe der Zeit dynamisch verändern. Neuartige Schadsoftware, veränderte Angriffstaktiken oder innovative Netzwerktechniken erfordern eine ständige Anpassung der Absicherung und damit des Cybersicherheitskonzepts.

Entscheidend ist es, die Wirksamkeit der gewählten Schutzmaßnahmen regelmäßig zu überprüfen, wie es die Datenschutz-Grundverordnung (DSGVO) in Art. 32 DSGVO fordert.

5/3 Hinweise zu Maßnahmen für Cyberschutz, Erkennung und Abwehr

Für die Umsetzung des Cybersicherheitskonzepts kommt eine Vielzahl von technischen Maßnahmen infrage. Die Aufgabe der Datenschutzbeauftragten bei der Mitwirkung am Cybersicherheitskonzept besteht darin, die Wirksamkeit der getroffenen Maßnahmen zu überprüfen und die Gewährleistung des Datenschutzes bei Einsatz der Sicherheitsmaßnahmen zu überwachen.

PRAXIS-TIPP

Der Vorschlag, welche technischen Maßnahmen getroffen werden, wird in der Regel vom IT-Sicherheitsbeauftragten kommen. Datenschutzbeauftragte sollten die Geschäftsleitung dabei unterstützen, die vorgeschlagenen Maßnahmen unter den Gesichtspunkten des Datenschutzes zu bewerten.

5/3.1 Datenschutzgerechte Protokollierung

IT-Systeme zeichnen in der Regel eine Reihe von Benutzungsdaten oder Ablaufdaten auf, die in Form von Protokollen (Log-Dateien) gespeichert werden. Die Protokollierung dient dem Nachweis einer ordnungsgemäßen Datenverarbeitung und ist gleichzeitig die Grundlage für eine Beweissicherung, wenn es zu einer unerlaubten Benutzung der IT-Systeme kommt.

Damit eine Protokollierung ihrem Zweck für die Steigerung der Cybersicherheit gerecht werden kann, müssen verschiedene Anforderungen erfüllt sein:

- Die gespeicherten Daten müssen vollständig sein, d.h. auch alle Aktivitäten des Systemadministrators werden aufgezeichnet.
- Eine Manipulation der aufgezeichneten Daten darf nicht unerkannt möglich sein; Manipulationen müssen erkennbar bleiben.
- Die Auswertbarkeit (z.B. hinsichtlich der Zugriffsverletzungen) ist sicherzustellen (insbesondere Begrenzung des Umfangs der Protokollierung und regelmäßige Termine für die Auswertungen).

ACHTUNG!

Es muss genau festgelegt werden, wer die Protokolle wie, mit welchen Hilfsmitteln, in welchen Abständen und zu welchen Zwecken auswerten darf. Es empfiehlt sich, die Personalvertretung bei der Festlegung der zulässigen Auswertungen der Protokolldateien sowie der Art der Nutzung einzubinden, die Zugriffsberechtigungen auf die Protokolle und die Privilegien zur Auswertung der Protokolle (verschlüsselte Protokoll-Ablage) zu klären, für die Auswertung das Vier-Augen-Prinzip vorzusehen und die Löschfristen bei der Protokollierung zu kontrollieren.

5/3.2 Datenschutz bei der Absicherung der Netzwerke

Einen hohen Stellenwert in der Netzwerksicherheit haben nach wie vor Firewalls, Intrusion Detection Systems (IDS) und VPNs. Deshalb sollte der Überprüfung dieser Maßnahmen zur Netzwerksicherheit Priorität verliehen werden.

- **Firewalls:**
  Firewalls schützen zwar gegen bestimmte Einbruchs- und Sabotageversuche von außen, zur Verhinderung von Missbrauch durch eigene Mitarbeitende sind sie aber genauso wenig geeignet wie als Schutz vor Malware. Zudem können Angriffe, die über den Inhalt von Anwendungsdaten erfolgen, nicht erkannt und folglich auch nicht abgewehrt werden. Hierfür müssen herkömmliche Netzwerk-Firewalls durch Application Firewalls ergänzt werden. Außerdem kann eine Firewall nur diejenigen Kommunikationsverbindungen schützen, von denen sie durchlaufen wird. Existieren zusätzliche Übergangsmöglichkeiten zu unsicheren Netzen, wird die Sicherheit durch die Firewall unterlaufen.
- **Intrusion Detection Systems (IDS):**
  Intrusion Detection Systems (IDS) sollen Firewalls ergänzen. Diese Systeme sind auf das Entdecken von Eindringlingen ausgelegt. Die Protokollierung aller Netzwerkaktivitäten ist dabei eine der wichtigsten Maßnahmen dieser Softwarelösung. Dadurch kann jeder Netzwerkzugriff lückenlos nachvollzogen werden. Illegale Zugriffe oder Zugriffsversuche werden im Idealfall umgehend festgestellt und lösen eine Alarmierung aus. Gleichzeitig können vorher definierte Gegenmaßnahmen gestartet werden.
  Eine Weiterentwicklung von Intrusion Detection wird als „Intrusion Prevention" bezeichnet. Hierbei wird auf sicherheitskritische Ereignisse automatisiert reagiert, z.B. durch das Unterbrechen von Netzwerkverbindungen zum Schutz von IT-Systemen. Voraussetzung für eine funktionsfähige Intrusion Prevention ist die zuverlässige Intrusion Detection, die Angriffe verlässlich, d.h. mit einer hohen Trefferquote, aufdeckt.
- **VPN (Virtual Private Network):**
  Ein VPN (Virtual Private Network) ist ein Netzwerk, das die Vorteile der öffentlichen, jedoch unsicheren Kommunikationsstruktur nutzt, gleichzeitig aber durch den Einsatz von besonderen Sicherheitsprotokollen die übertragenen Daten in der gleichen Weise schützt, als wenn die Datenkommunikation über eigene, private physikalische Leitungen erfolgen würde. Ein VPN stellt also sicher, dass sensible Daten während der

Übertragung über das Netzwerk vertraulich übertragen werden, sodass nur die dazu berechtigten Personen auf die sensiblen Daten zugreifen können. Zu diesem Zweck werden kryptografische Verfahren und andere Sicherheitskomponenten eingesetzt.

Wichtig ist es dabei, dass aus der Netzwerküberwachung und -absicherung keine anlasslose Überwachung von Nutzerinnen und Nutzern resultiert.

5/3.3 Datenschutz bei der Absicherung der E-Mail-Kommunikation

Kaum ein Unternehmen verzichtet auf die Vorteile der elektronischen Kommunikation per E-Mail, die meisten Arbeitsplätze bieten neben der internen Nutzung von E-Mail auch den direkten Versand und Empfang von E-Mail über das Internet.

Allerdings sind mit der Kommunikationsform E-Mail auch zahlreiche Gefahren für personenbezogene Daten verbunden:

- **Mangelnde Vertraulichkeit:**
  E-Mails wandern in vielen Fällen unverschlüsselt durch das Internet. Das Mitlesen und Abfangen von E-Mails durch unbefugte Dritte kann nicht ausgeschlossen werden.
- **Unklare Authentizität:**
  Die Absenderangaben in E-Mails können leicht gefälscht werden. E-Mails eignen sich deshalb für die Vortäuschung einer falschen Identität.
- **Phishing:**
  E-Mails können dazu missbraucht werden, den Empfänger auf eine manipulierte Webseite zu locken und dort Passwort-Daten abzufragen und abzufangen.
- **Mangelnde Integrität:**
  E-Mails und ihre Anhänge (Attachments) können nach dem Abfangen

manipuliert werden. Ohne Vorkehrungen wie E-Mail-Zertifikate kann die Integrität von E-Mails nicht sichergestellt werden.

- **Schädliche Anhänge:**
  E-Mails können dazu missbraucht werden, schädliche Dateien zu übertragen.
- **Spamming:**
  Ungewollte E-Mails (Spam) können Netzwerke belasten und den Mailserver blockieren. Spam-Mails können zudem auf verseuchte Webseiten und auf betrügerische Angebote locken.
- **Ungewollter Datenabfluss:**
  E-Mail-Programme können durch eine Fehlbedienung Daten ungewollt an einen falschen Empfänger übertragen (Vertippen in der Adresszeile, Auto-Vervollständigen der Adresse).

ACHTUNG!

Um diese Bedrohungen zu erkennen, müssen E-Mails kontrolliert werden, allerdings ohne dadurch eine Verhaltenskontrolle der Nutzenden zu ermöglichen und ohne vertrauliche Inhalte zu gefährden. Dabei sind auch die Kontrollbeschränkungen zu beachten, wenn die betriebliche E-Mail auch privat genutzt werden darf oder wenn dies zumindest geduldet wird.

5/3.4 Datenschutz bei der Absicherung von Webanwendungen

Für die sichere Nutzung des Internets und von internen oder externen Webanwendungen ist die Browser-Sicherheit von grundlegender Bedeutung. Der Browser ist nicht nur das Fenster zu Online-Inhalten aus dem Internet, er wird Teil von Webanwendungen aus dem Internet, aber auch Teil von internen webbasierten Applikationen im Intranet.

Die Verwendung des Webbrowsers ist vielen Mitarbeitenden bereits in Fleisch und Blut übergegangen. Deshalb machen sich die Anwenderinnen und Anwender nicht immer klar, dass es sich bei einem Browser um eine komplexe Software mit Kommunikationsverbindung ins Internet oder Intranet handelt. Ein Browser ist keine zusätzliche „Oberfläche" auf dem Desktop des Rechners, sondern selbst eine Anwendung, die zahlreichen Gefahren ausgesetzt ist, da sie mit anderen Anwendungen zusammenwirkt und eine Verbindung zu externen Rechnersystemen (Cloud) und ins Internet nutzen kann.

Zu den Gefahren der Browser-Nutzung gehören (unabhängig vom eingesetzten Browsertyp):

- Schwachstellen der Browser-Software und Angriffe aus dem Internet, die diese Sicherheitslücken ausnutzen
- Fehlkonfiguration des Browsers durch Anwender
- Sicherheitslücken in den Browser-Erweiterungen (Plug-ins)
- Herunterladen schädlicher Dateien (Malware)
- Erstellung von Nutzerprofilen
- Öffnen und Anzeigen manipulierter Webseiten (automatisches Herunterladen von Malware durch sogenannte Drive-by-Downloads, Passwort-Diebstahl durch Phishing-Webseiten)

ACHTUNG!

Stellen Sie sicher, dass es zu keiner Überwachung der Nutzerin oder des Nutzers des Browsers durch die Auswertung der Verlaufsdaten kommt.

5/3.5 Datenschutz bei Cybersicherheitslösungen

Wie zuvor dargestellt ist der Einsatz von Cybersicherheitswerkzeugen von entscheidender Bedeutung für die Gewährleistung von Datenschutz und Datensicherheit. Allerdings können Sicherheitswerkzeuge auch personenbezogene Daten in Gefahr bringen, wenn die Protokollierung der Mitarbeiter- oder Kundenaktivitäten zu umfangreich wird, Nutzerprofile erzeugt, auf Anonymisierung verzichtet und die Nutzerprotokolle nicht ausreichend gegen unerlaubten Zugriff und Zweckentfremdung geschützt werden.

Aus Sicht des Datenschutzes sind deshalb zusätzliche Anforderungen an Sicherheitswerkzeuge zu stellen, die die Vorgaben der Cybersicherheit übersteigen oder aber in Verbindung mit ihnen gesehen werden müssen. Datenschutzbeauftragte sollten deshalb vor und während des Einsatzes von Sicherheitswerkzeugen insbesondere prüfen, ob

- die Anonymisierung der kontrollierten Benutzer in den Protokollen möglich ist.
- sich der Umfang der Protokollierung auf das für die Datensicherheit notwendige Maß begrenzen lässt.
- eine Zweckentfremdung der Protokolle ausgeschlossen werden kann.

- sich die internen Sicherheitsrichtlinien abbilden lassen.
- sich Audit-Funktion und Administrator-Rolle trennen lassen.
- sich die Protokolle vor unerlaubten Zugriffen und Manipulationen schützen lassen.

ACHTUNG!

Einige Sicherheitswerkzeuge sind besonders kritisch hinsichtlich einer möglichen Nutzerüberwachung. Dazu gehören Web- und Content-Filter, IT-Forensik-Werkzeuge, Netzwerk-Sniffer und DLP-Lösungen (Data Loss Prevention).

Web- und Content-Filter

Neben einem möglichen Produktivitätsverlust durch privates Surfen während der Arbeitszeit führt die steigende Internetnutzung im Büro auch zu einer vermehrten Netzbelastung, insbesondere aber zu einer zusätzlichen Gefährdung für das gesamte Netzwerk. Um den möglichen Bedrohungen begegnen zu können, setzen viele Unternehmen einen Internetfilter ein, der den Webzugang regulieren soll.

Mithilfe eines Internetfilters kann die Nutzung des Webs auf Grundlage von zugelassenen und verbotenen URL-Listen (Internetadressen) eingeschränkt werden. Dadurch können Websites mit schädlichen und illegalen Inhalten blockiert werden.

Um die Filterung zu überwachen, werden die jeweils aufgerufenen URLs (Uniform Resource Locators) protokolliert und ausgewertet. Das Logging und die Auswertung haben sich dabei an den Vorgaben des Datenschutzes zu orientieren.

ACHTUNG!

Findet zudem eine private Internetnutzung am Arbeitsplatz statt, hat dies weitgehende rechtliche Konsequenzen. Der Arbeitgeber wird dadurch zu einem Telekommunikationsanbieter, der das Fernmeldegeheimnis beachten muss. Dies schließt dann jedoch die Kontrolle der Internetnutzung durch den Arbeitgeber aus. Um dieser Problematik begegnen zu können, sind technische und organisatorische Lösungen notwendig.

Werkzeuge der IT-Forensik

Während Anti-Malware, Anti-Spyware und Firewall versuchen, Cyberattacken rechtzeitig abzuwehren, um so die vertraulichen Daten und die Infrastruktur zu schützen, dienen die Werkzeuge der IT- oder Computer-Forensik der Aufklärung eines möglichen Einbruchs in die IT-Systeme. Diese Sicherheitswerkzeuge helfen bei der Spurensuche, können Beweise für einen Einbruch in die IT-Systeme finden und gleichzeitig auf vorhandene Schwachstellen hinweisen.

Die elektronische Beweisführung mit einem Forensik-Werkzeug beinhaltet Funktionen wie:

- Sicherstellung von Daten und Log-Dateien
- Rettung und Wiederherstellung von Dateien
- Generierung einer Arbeitskopie zur weiteren Analyse
- Wahrung der Datenintegrität während der Spurensuche und Beweissicherung
- gerichtsverwertbares Lokalisieren, Konservieren und Analysieren der Spuren von Datenmissbrauch
- Berücksichtigung von Metadaten und versteckten Dateien
- zeitliche und inhaltliche Eingrenzung der zu untersuchenden Datenbestände auf die relevanten Verzeichnisse und Systeme (Datensparsamkeit)
- Untersuchung externer Speichermedien und anderer Systemkomponenten
- ausführliche Berichts- und Dokumentationsfunktionen
- Angabe möglicher Schwachstellen in der IT-Landschaft, die den Angriff oder Einbruch erleichtert oder erst ermöglicht haben

Für den Datenschutz kann die Computer-Forensik dazu beitragen, dass mögliche Schwachstellen bei der Umsetzung der technischen und organisatorischen Datenschutzmaßnahmen gefunden werden. Gleichzeitig sollten Datenschutzbeauftragte aber die Prozesse der IT-Forensik begleiten, um sicherstellen zu können, dass auch bei den digitalen Ermittlungen die Vorgaben des Datenschutzes eingehalten werden.

BEISPIEL

Ein Beispiel für die mögliche Datenschutzproblematik bei Einsatz der Computer-Forensik ist der Zugriff auf einen Mail-Server und die Auswertung bestimmter Zeiträume bei den E-Mails. Wenn die private E-Mail-Nutzung innerbetrieblich erlaubt oder rechtlich unzureichend geregelt ist, müssen Maßnahmen getroffen werden, die eine gerichtsverwertbare Beweissicherung ermöglichen, ohne gegen geltendes Recht zu verstoßen.

Netzwerk-Sniffer

Unter einem Sniffer (Schnüffler) versteht man ein Softwarewerkzeug zur Überwachung und Analyse des Netzwerkverkehrs. Teilweise werden Sniffer auch als Hardwarelösung angeboten, die aus einer Sniffer-Software und entsprechend konfigurierter, leistungsstarker Hardware besteht. Ziel des Sniffer-Einsatzes ist insbesondere das Auffinden von Netzwerkproblemen, wenn z.B. unerwartete zeitliche Verzögerungen beim Empfang oder Versand von Daten auftreten.

ACHTUNG!

Sniffer können jedoch auch missbraucht werden. Da Sniffer ermöglichen, den Datenverkehr aufzuzeichnen, zu analysieren und transparent zu machen, könnten diese Werkzeuge auch in Klarschrift übertragene Benutzernamen und Passwörter auslesen. Erlangt ein Angreifer durch den Sniffer-Einsatz Kenntnis von Zugangsdaten, ist die Grundlage für weitere Attacken innerhalb des Netzwerks gelegt.

DLP-Werkzeuge

Um den Datenverkehr zu kontrollieren und ungewollten Datenverlust zu vermeiden, können sich Unternehmen nicht allein auf die oftmals vorhandene Internet-Firewall verlassen. Unachtsame, unzufriedene oder kriminelle Netzwerkbenutzer können Daten auch über Internetdienste wie E-Mail, File Transfer Protocol (FTP) oder File-Sharing-Plattformen übertragen. Interne Schnittstellen am Arbeitsplatzrechner werden durch Firewall und Webfilter nicht überwacht und entsprechende Datentransfers im Inneren des Netzwerks meist nicht protokolliert.

Umfassende Konzepte zum Schutz vertraulicher, personenbezogener Daten sollten also auch interne Schnittstellen und zugriffsberechtigte Mitarbeiterinnen und Mitarbeiter einbeziehen. Ein entsprechendes Maßnahmenpaket bieten moderne Softwarelösungen im Bereich Data Loss Prevention (DLP), teils auch Data Leakage Prevention genannt, also Lösungen zur Verhinderung eines möglichen Datenverlusts.

ACHTUNG!

Datenschutzbeauftragte sollten entsprechende DLP-Lösungen und -Konzepte prüfen, die Einführung solcher Systeme begleiten und die Verwendung von DLP-Software überprüfen, da diese Lösungen durchaus auch zu einer konkreten internen Kontrolle aller Datenbewegungen genutzt werden könnten. Insbesondere sollten die verfügbaren Auswertungen von Aktivitäten der Mitarbeiterinnen und Mitarbeiter im Auge behalten werden.

5/3.6 Maßnahmenkatalog: Mitwirkung am Cybersicherheitskonzept

Die folgende Liste nennt nochmals zentrale Bausteine des Konzepts, bei denen Datenschutzbeauftragte beratend unterstützen sollten:

- **Bestimmung Schutzbedarf personenbezogener Daten und Cyberrisiken:**
  - Finden und kategorisieren Sie die zu schützenden Daten (Endgeräte, Speicher, Netzwerke, Cloud-Dienste).
  - Bestimmen Sie die Cyberrisiken bei den Verarbeitungsorten (Endgeräte, Speicher, Netzwerke, Cloud-Dienste).
  - Bewerten Sie die Cyberrisiken bei den Verarbeitungsorten (Endgeräte, Speicher, Netzwerke, Cloud-Dienste).
  - Ermitteln Sie den Schutzbedarf der personenbezogenen Daten bei allen Verfahren mit Vernetzung und Online-Aktivitäten.
- **Empfehlung geeigneter Schutzmaßnahmen entsprechend dem Schutzbedarf, darunter:**
  - datenschutzgerechte Protokollierung der Online-Verbindungen
  - durchgehende Umsetzung der Verschlüsselung bei Online-Verbindungen

- Maßnahmen der Netzwerksicherheit, insbesondere Firewalls, Intrusion Detection und VPN (Virtual Private Networks)
- Notfallvorsorge mit Datensicherung (Gewährleistung der Verfügbarkeit)
- Trennung von Daten und Datensicherung
- Regelmäßiger Test des Notfallkonzepts
- Einführung von Sicherheitslösungen bei E-Mails und anderer elektronischer Kommunikation (Verschlüsselung, Anti-Spam, Anti-Phishing, Anti-Malware)
- Aktivierung der Sicherheitsfunktionen der Browser
- Einführung DLP-Werkzeuge (Data Loss Prevention) gegen Datenabfluss ins Internet

5/4 Vorbereitung auf den Cybervorfall

5/4.1 Krisenmanagement als Teil der Cybersicherheit

Die Bedeutung der IT-Infrastruktur ist für Unternehmen so hoch, dass ein Ausfall oder eine Störung der Datenverarbeitung den betrieblichen Ablauf erheblich behindern kann. Die Notfallvorsorge (Business Continuity Management) und ein entsprechendes Notfallkonzept sind jedoch nicht nur betriebswirtschaftlich sinnvoll, um Umsatz- und Kundenverlust zu verhindern. Die Verfügbarkeit personenbezogener Daten und damit die Verhinderung einer zufälligen Zerstörung oder des Verlusts von Daten ist eine konkrete Forderung des Datenschutzes.

PRAXIS-TIPP

Die Maßnahmen der Notfallvorsorge, die im Notfallkonzept festgelegt werden, können das Eintreten des Cybervorfalls nicht ausschließen. Sie sollen jedoch die Wiederanlaufzeit so gering wie möglich halten und die Wiederherstellbarkeit der Daten so weit wie möglich sicherstellen. Deshalb sind insbesondere Backup-Maßnahmen grundsätzlich Teil der Notfallvorsorge.

Notfallmanagement noch nicht flächendeckend vorhanden

Verfügt Ihr Unternehmen über schriftlich geregelte Abläufe und Ad-hoc-Maßnahmen, also ein Notfallmanagement, für den Fall des Auftretens von Diebstahl, Spionage oder Sabotage?*

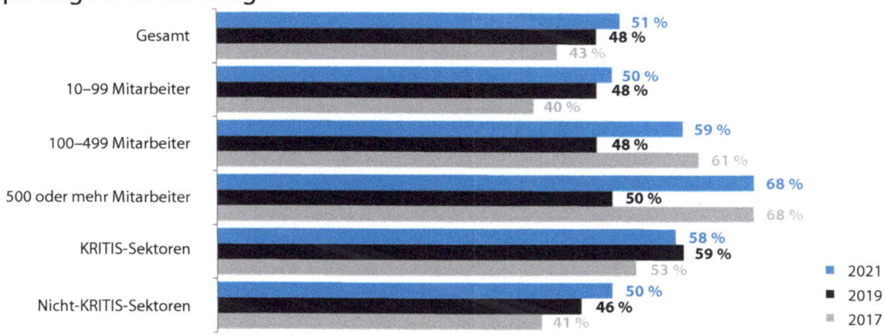

Basis: Alle befragten Unternehmen (2021: n = 1.067; 2019: n = 1.070; 2017: n = 1.069); * Antwortkategorie [Ja]

Abb. 10: *Im Notfallmanagement besteht bei vielen Unternehmen noch deutlicher Handlungsbedarf, selbst bei Betreibern Kritischer Infrastrukturen (KRITIS) (Bild: Bitkom)*

5/4.2 Gewährleistung der Verfügbarkeit personenbezogener Daten

Maßnahmen im Rahmen der Notfallvorsorge zur Gewährleistung der Verfügbarkeit sind:

- Festlegung der Prioritäten für den Wiederanlauf der einzelnen IT-Verfahren
- Bestimmung der maximal vertretbaren Ausfallzeiten
- Festlegung der Verantwortlichkeiten für die einzelnen Aktionen
- Festlegen der unverzichtbaren Datensicherungsmaßnahmen
- Planung für die Realisierung des Notbetriebs (technische Infrastruktur)
- Regelmäßiges Proben des Notbetriebs

PRAXIS-TIPP

Damit alle für den Datenschutz notwendigen Maßnahmen im Fall eines Cybervorfalls beachtet werden, sollten Datenschutzbeauftragte an der Entwicklung des Notfallkonzepts mitwirken, das einen elementaren Teil des Cybersicherheitskonzepts darstellt.

5/4.3 Erstellung eines Notfallkonzepts

Die Entwicklung und Pflege eines Notfallkonzepts erfordern aus Sicht des Datenschutzes:

- Definition des Notfallteams, darunter die oder der Datenschutzbeauftragte
- Erfassung aller relevanten Verfahren (Verzeichnis der Verarbeitungstätigkeiten)
- Ermittlung der geschäftskritischen Komponenten und Prozesse (wie Daten, Server, Speichersysteme, Netzwerkkomponenten, Anwendungen, Internet-Verbindung, aber auch Personal und Räumlichkeiten)
- Erfassung aller für einen ordnungsgemäßen Ablauf notwendigen Hardwarekomponenten
- Erfassung der notwendigen System- und Standardanwendungssoftware
- Systemabhängigkeiten (besondere Hardware und Netzwerkkomponenten; bei Standardanwendungssoftware: benötigte Betriebssysteme)
- Angaben über die Datensicherung (Art und Häufigkeit)
- Aufbewahrung der Sicherungsbestände
- Erstellung einer Zuständigkeiten-Übersicht mit Erreichbarkeit außerhalb der Dienstzeit und Vertretungsregelung
- Ermittlung der maximal zu verkraftenden Ausfallzeit der einzelnen IT-Anwendungen
- Ermittlung des Schadenspotenzials in Abhängigkeit von der Ausfallzeit
- Festlegung der notwendigen Verfügbarkeit oder Ausfallzeit, die noch vertretbar ist (Basis ist die Schätzung des zu erwartenden Schadens)
- Ermittlung der notwendigen Redundanzen (Ausfallsicherheit kritischer Systeme)
- Organisation von Datensicherung und Datenwiederherstellung
- Schulung der Mitarbeitenden über die notwendigen Maßnahmen der Notfallvorsorge und das richtige Verhalten im Notfall

- Regelmäßiger Test des Notfallplans (Testplan mit definierten Testzeitpunkten, Testdokumentation zur Feststellung der Schwachstellen)
- Aktualisierung und Pflege des Notfallplans

5/5 Maßnahmen während des Cybervorfalls

5/5.1 Ablauf des Notfallplans

Zeitverlust und Lücken in der Kommunikation verhindern

Für die Umsetzung des Notfallplans im Ernstfall (K-Fall) sind folgende Schritte wichtig:

- Einberufung des Notfallteams, wozu auch der oder die Datenschutzbeauftragte gehört
- Feststellung des Schadensausmaßes, auch aus Sicht des Datenschutzes (betroffene Datenkategorien)
- Prüfung, ob personenbezogene Daten betroffen sind und ob Meldepflichten nach der DSGVO vorliegen (an zuständige Aufsichtsbehörde und an Betroffene)
- Hinweise zur Umsetzung der Meldepflichten nach der DSGVO durch Datenschutzbeauftragte an die verantwortliche Stelle

Weitere Stellen im Unternehmen (wie IT-Sicherheitsbeauftragte) haben zudem diese Aufgaben:

- Bewertungen des Vorfalls, um festzustellen, ob es sich um einen Cyberangriff oder eine technische Störung handelt
- Systemprotokolle, Log-Dateien, Datenträger und andere digitale Informationen forensisch sichern
- Betroffene Systeme vom Netzwerk/Internet trennen
- Unautorisierte Zugriffe unterbinden
- Backups schützen
- Alle angegriffenen Systeme identifizieren
- Zugangsberechtigungen und Authentifizierungsmethoden prüfen, Passwörter wechseln
- Erstellung einer nach den aktuellen Bedürfnissen sich orientierenden Prioritätenliste

- Aktivierung der Notfallkapazitäten
- Schwachstellen in Systemen beheben
- Wiederanlauf der kritischen IT-Verfahren
- Wiederherstellung der IT-Infrastruktur und der Daten

BEISPIEL

Erste Hilfe bei einem schweren IT-Sicherheitsvorfall

Im Fall einer Ransomware-Attacke zum Beispiel empfiehlt das BSI unter anderem diese Notfallmaßnahmen in der IT-Sicherheit:

- Oberste Regel: Keinesfalls darf eine Anmeldung mit privilegierten Nutzerkonten (Administratorkonten) auf einem potenziell infizierten System erfolgen, während das System sich noch im internen produktiven Netzwerk befindet oder mit dem Internet verbunden ist!
- Potenziell infizierte Systeme sollten umgehend vom Netzwerk isoliert werden, um eine weitere Ausbreitung der Schadsoftware im Netz durch Seitwärtsbewegungen (Lateral Movement) zu verhindern. Dazu das Netzwerkkabel ziehen. Gerät nicht herunterfahren oder ausschalten. Gegebenenfalls forensische Sicherung inkl. Speicherabbild für spätere Analysen (eigene, durch Dienstleister oder Strafverfolgungsbehörden) erstellen.
- Identifizieren Sie das/die Schadprogramm/e. In einigen Fällen steht der Name der Ransomware auch in dem üblicherweise angezeigten Erpresserschreiben oder dieser wird den verschlüsselten Dateien als Dateinamenserweiterung hinzugefügt. Zu einer bekannten Ransomware können Sie dann mithilfe gängiger Suchmaschinen Informationen finden.
- Alle auf betroffenen Systemen gespeicherten bzw. nach der Infektion eingegebenen Zugangsdaten sollten als kompromittiert betrachtet und die Passwörter geändert werden. Dies umfasst u.a. Webbrowser, E-Mail-Clients, RDP/VNC-Verbindungen sowie andere Anwendungen.
- Blockieren Sie jede nicht unbedingt benötigte Remote-Verbindung, beobachten Sie den Netzwerkverkehr und lassen Sie Antiviren-Scans laufen um weitere Infektionen und Täterzugriffe auszuschließen.
- Prüfen Sie, ob Sie saubere, integre Backups haben.

- Im Fall einer bereits erfolgten Verschlüsselung sollten Sie grundsätzlich nicht auf die Erpressung eingehen und kein Lösegeld bezahlen. Stattdessen sollten die Daten in ein sauberes Netzwerk aus Backups zurückgespielt werden.
- Um einen zukünftigen weiteren Zugriff der Täter auf das interne Netzwerk und eine erneute Ausbreitung von Schadsoftware auszuschließen, sollte im Fall einer Kompromittierung das Netz unbedingt komplett neu aufgebaut werden. Dies kann nach einer schnellen Bereinigung u.U. auch langfristig nach Sicherstellung der Betriebsfähigkeit erfolgen.

Diese IT-Sicherheitsmaßnahmen sind komplex und verlangen eine hohe Expertise, sie gehören nicht in die Verantwortlichkeit der Datenschutzbeauftragten.

Bei diesen Aufgaben der IT-Sicherheit ist es für Datenschutzbeauftragte dagegen entscheidend, dass der Schutz personenbezogener Daten auch während der Notfallbewältigung gewahrt bleibt und dass nicht durch Protokolle, Auswertungen und digitale Spurensuche (IT-Forensik) personenbezogene Daten betroffen sind, die zum Zweck der IT-Sicherheit gar nicht verarbeitet werden müssen.

5/5.2 Hilferuf an externe Dienstleister des Cyber-Sicherheitsnetzwerks (CSN)

Cyber-Kriminelle dringen in IT-Systeme ein, lesen Daten aus, verschlüsseln sie und erpressen Lösegeld für die Freigabe der Daten. In so einer Notsituation kann es vor allem für Kleinst- und Kleinunternehmen, aber auch mittleren Unternehmen schwierig sein, die Krise mit internen Mitteln zu bewältigen.

Oftmals reicht die interne Kompetenz nicht aus. Zeitliche Verzögerungen, falsche Entscheidungen und höhere Schäden drohen dadurch. Deshalb sollten Unternehmen prüfen, ob externe Hilfe eingeholt wird.

PRAXIS-TIPP

Das BSI nennt in diesem Zusammenhang das CSN. Das Cyber-Sicherheitsnetzwerk (CSN) ist ein freiwilliger Zusammenschluss von qualifizierten Expertinnen und Experten, die sich bereit erklären, ihre individuelle Expertise und ihr individuelles Know-how zur Behebung von IT-Sicherheitsvorfällen zur Verfügung zu stellen, und somit dazu beitragen, die IT-Sicherheitslage in Deutschland zu verbessern. Sie helfen durch die Übernahme reaktiver Tätigkeiten, IT-Sicherheitsvorfälle zu erkennen und zu analysieren, das Schadensausmaß zu begrenzen sowie weitere Schäden abzuwenden. Zur Durchführung von Vorfallbehandlungen im Rahmen des Cyber-Sicherheitsnetzwerks werden durch die Zertifizierung qualifizierte Personen befähigt, die Qualität und Vergleichbarkeit der Vorfallbehandlung sicherstellen.

In einer möglichen höchsten Stufe der Rettungskette des Cyber-Sicherheitsnetzwerks stehen größere IT-Dienstleister zur Verfügung, die überregional agieren und mindestens drei zertifizierte Vorfall-Experten bereitstellen können. Somit kann bei komplexeren und größeren IT-Sicherheitsvorfällen ein Team aus Vorfall-Experten mit speziellen Kenntnissen und Fähigkeiten für die Vorfallbehandlung angeboten werden.

Eine Voraussetzung für die Zertifizierung zum IT-Sicherheitsdienstleister ist die Umsetzung und Aufrechterhaltung der Norm DIN EN ISO/IEC 17025. Das BSI prüft regelmäßig nach Erteilung der Zertifizierung, ob die Dienstleister weiterhin die Voraussetzungen erfüllen.

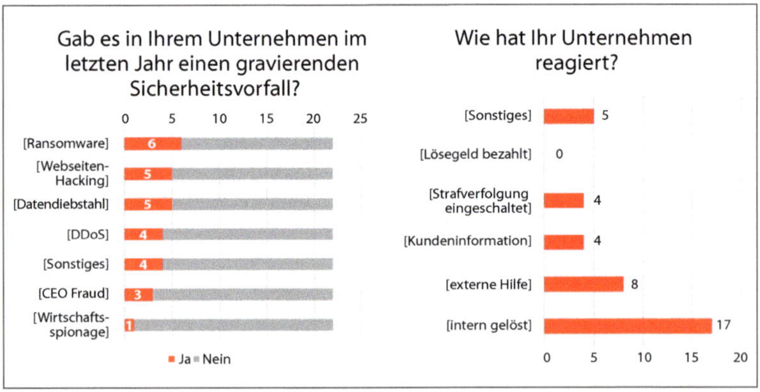

Abb. 11: *Viele Unternehmen versuchen, aus eigener Kraft einem Cybervorfall zu begegnen. Dazu müssen aber entsprechende Prozesse und Kompetenzen vorhanden sein (Bild: eco).*

PRAXIS-TIPP

Datenschutzbeauftragten kommt bei der internen Kontrolle der IT-Dienstleister zusätzlich die Rolle zu, die verantwortliche Stelle auf die mögliche Auftragsverarbeitung (Art. 28 DSGVO) durch die IT-Dienstleister hinzuweisen, wenn diese Zugriff auf personenbezogene Daten erhalten können, wovon bei einem IT-Notfall und der Ergreifung von Gegenmaßnahmen in aller Regel auszugehen ist.

Ein angemessenes Datenschutzniveau muss auch während der Notfallbewältigung gewährleistet sein, worauf der IT-Dienstleister als Auftragsverarbeiter hinwirken muss. Nachweise für Datenschutzmaßnahmen des IT-Dienstleisters sowie in Zukunft eine mögliche Datenschutz-Zertifizierung nach der DSGVO des IT-Dienstleisters sind hierfür wichtig.

5/6 Maßnahmen nach einem Cybervorfall

Nach der Wiederherstellung des IT-Betriebs und der Daten:

- Erfassung aller Störquellen und Pannen, die vorher offensichtlich unerkannt blieben, um das Wiederanlaufkonzept zu verbessern
- Aktualisierung des Notfallkonzepts, auch mit Blick auf den Datenschutz während der Notfallbewältigung
- Überprüfung und Anpassung des Cybersicherheitskonzepts, auch mit Blick auf die Sicherheit der Verarbeitung nach DSGVO
- Schulungen auf Basis der Erfahrungen aus dem Cybervorfall

ACHTUNG!

Datenschutzbeauftragte sollten dabei prüfen, ob die Ziele der DSGVO hinsichtlich der Sicherheit der Verarbeitung (Art. 32 DSGVO) mit den neuen IT-Sicherheitsmaßnahmen wirksam erreicht werden können. Dabei geht es also darum, ob und wie in Zukunft Datenschutzverletzungen durch Cyberattacken vermieden werden können.

Zudem sollten Datenschutzbeauftragte darauf hinwirken, das Notfallkonzept so anzupassen, dass bei der Notfallbewältigung die Grundsätze der Zweckbindung, Erforderlichkeit und Speicherbegrenzung berücksichtigt werden, zum Beispiel durch Begrenzung der Protokollierung, die gerade im IT-Notfall schnell ausgeweitet werden könnte.

5/7 Organisation der Krisenkommunikation

Im Vorfeld sollte schon festgelegt sein, wie die Krisenkommunikation ablaufen soll, wer also zu informieren ist und wer Hilfe anbietet. Entsprechend sollten diese Stellen benannt werden und im Unternehmen bekannt sein:

- zuständige Aufsichtsbehörde für den Datenschutz (Meldung von Datenschutzverletzungen)
- BSI (Bundesamt für Sicherheit in der Informationstechnik) (Meldung IT-Sicherheitsvorfall)
- Polizeidienststelle (Strafanzeige)
- IT-Sicherheitsanbieter (zur Unterstützung der internen Fachkräfte)
- Support Betriebssystemhersteller/IT-Dienstleister
- Support Fachanwendungen
- Datenrettungsspezialist
- Hotline/Support des Internet-Providers
- Hotline/Support des Cloud-Betreibers

Müssen auch Meldungen an Betroffene nach DSGVO (wie betroffene Kunden), bestimmte Beschäftigte, Auftraggeber, Geschäftspartner, Investoren, Versicherungen oder Lieferanten erfolgen, müssen auch hier die Kontaktmöglichkeiten für den Notfall bereits vorab ermittelt werden.

WICHTIG

Bei einem Cybervorfall ist es wichtig, alle relevanten Personen und Stellen unverzüglich zu informieren und einzubeziehen, jeder Zeitverlust erhöht die möglichen Schäden.

5/7.1 Umsetzung der Datenschutz-Meldepflichten bei Cybervorfällen

Fristen und Inhalte für die Meldung beachten

Eine Meldung an die Aufsichtsbehörde hat bei einer Verletzung der DSGVO immer zu erfolgen. Ausnahme: Die Datenpanne führt „voraussichtlich nicht zu einem Risiko" für den Betroffenen. Eine betroffene Person muss nur benachrichtigt werden, wenn ein hohes Risiko für ihre Rechte und Freiheiten besteht.

Hinsichtlich der Meldefristen gilt nach der Datenschutz-Grundverordnung:

ACHTUNG!

„Im Falle einer Verletzung des Schutzes personenbezogener Daten meldet der Verantwortliche unverzüglich und möglichst binnen 72 Stunden, nachdem ihm die Verletzung bekannt wurde, diese der zuständigen Aufsichtsbehörde, es sei denn, dass die Verletzung des Schutzes personenbezogener Daten voraussichtlich nicht zu einem Risiko für die Rechte und Freiheiten natürlicher Personen führt. Erfolgt die Meldung an die Aufsichtsbehörde nicht binnen 72 Stunden, so ist ihr eine Begründung für die Verzögerung beizufügen."

Neben der Meldefrist gibt es nach der DSGVO bestimmte Inhalte, die die Meldung an die zuständige Aufsichtsbehörde berücksichtigen muss:

- eine Beschreibung der Art der Verletzung des Schutzes personenbezogener Daten, soweit möglich mit Angabe der Kategorien und der ungefähren Zahl der betroffenen Personen, Kategorien und der ungefähren Zahl der betroffenen personenbezogenen Datensätze
- den Namen und die Kontaktdaten des Datenschutzbeauftragten oder einer sonstigen Anlaufstelle für weitere Informationen
- eine Beschreibung der wahrscheinlichen Folgen der Verletzung des Schutzes personenbezogener Daten
- eine Beschreibung der von dem Verantwortlichen ergriffenen oder vorgeschlagenen Maßnahmen zur Behebung der Verletzung des Schutzes personenbezogener Daten und gegebenenfalls Maßnahmen zur Abmilderung ihrer möglichen nachteiligen Auswirkungen

PRAXIS-TIPP

Können die Informationen nicht alle sofort bereitgestellt werden, können Unternehmen die noch fehlenden Informationen ohne unangemessene weitere Verzögerung schrittweise zur Verfügung stellen.

5/7.2 Was die Aufsichtsbehörden bei der Meldung erwarten

Im Fall einer Verletzung des Schutzes personenbezogener Daten hat der Verantwortliche gemäß Art. 33 DSGVO unverzüglich und möglichst binnen

72 Stunden, nachdem ihm die Verletzung bekannt wurde, dies der zuständigen Datenschutzaufsichtsbehörde zu melden. Dazu bieten die Aufsichtsbehörden in aller Regel auf ihrer Website ein Online-Formular an, mit dem die Verantwortlichen alle relevanten Informationen übermitteln können.

PRAXIS-TIPP

Bei einem Hackerangriff, Datendiebstahl oder anderen Attacken sollten Unternehmen bzw. Verantwortliche sich so schnell wie möglich bei der Polizei melden, so zum Beispiel die Empfehlung der Datenschutzaufsicht in Sachsen.

Parallel sollte die Datenschutzverletzung der zuständigen Aufsicht mitgeteilt werden. Wichtige Angaben für eine solche Meldung nach Art. 33 DSGVO sind:

- Angaben zum Verantwortlichen (Name des betroffenen Unternehmens etc.) inkl. Telefon- und E-Mail-Kontakt
- Zeitraum der Panne sowie Zeitpunkt des Vorfalls
- Angaben zu Bereich und Kategorie des Vorfalls (z.B. Hacking, Diebstahl usw.)
- Angaben zu betroffenen Daten (z.B. Adressen, E-Mail-Adressen, Bank- oder Kreditdaten, Passwörter, Gesundheit)
- Angaben zum Vorfall und zu den ergriffenen und/oder beabsichtigten Maßnahmen

ACHTUNG!

Auf die Meldung der Datenpanne folgt die Prüfung durch die Datenschutzaufsicht. Hierbei ist vor allem von Interesse: Welcher Schaden könnte Personen durch den Vorfall entstehen bzw. welcher Schaden ist bereits eingetreten? Wie konnte es dazu kommen und welche Vorkehrungen sind zukünftig zur Vermeidung einer Wiederholung zu ergreifen?

5/7.3 Mögliche Meldepflichten gegenüber dem BSI beachten

Neben den Unternehmen und Organisationen, die nach IT-Sicherheitsgesetz zur Meldung von IT-Sicherheitsvorfällen verpflichtet sein können (wie

Betreiber Kritischer Infrastrukturen KRITIS), kann es für jedes Unternehmen sinnvoll sein, einen Cybervorfall auch an das BSI zu melden.

Bei dieser Meldung werden durch das BSI bestimmte Informationen abgefragt, darunter:

Onlineformular für Sicherheitsvorfälle und Cyber-Angriffe

...

Angriffs-Detektionsmethode und Zeitpunkt

Der Angriff wurde festgestellt durch:

- ❑ Systemausfall
- ❑ Fehlverhalten von Systemen
- ❑ Auswertung von Log-Daten
- ❑ Veröffentlichung von gestohlenen Informationen durch Dritte
- ❑ Hinweise von Dritten
- ❑ Vertrauliche Informationen wurden in einer Dropzone gefunden
- ❑ Sonstiges:

Bei Sonstiges bitte hier eintragen:

____

____

Der Angriff fand vermutlich statt:

____

____

Bei mehrfachen Angriffen bitte vermutete Anzahl eingeben:

____

____

Beschreibung des Angriffs

Angriffsmethoden:

- ❑ Denial-of-Service-Angriff
- ❑ Schadsoftware: Malwareverteilung über E-Mail

- ❑ Schadsoftware: Malwareverteilung über Webseiten
- ❑ Schadsoftware: Malware-Infiltration über mobile Devices
- ❑ Schadsoftware: Mareware-Infiltration über USB-Medium
- ❑ Schadsoftware: Malwareverteilung über anderen oder unbekannten Infektionsvektor
- ❑ Identitätsdiebstahl: Phishing/Man-in-the-Middle-Angriff/ Spoofing/Pharming/Andere
- ❑ Hacking: Injection-Angriff
- ❑ Hacking: Cross-Site-Scripting, Cross-Site-Request-Forgery
- ❑ Hacking: Andere
- ❑ Hacking: Missbrauch von Passwort-Zurücksetzen-Funktionen
- ❑ Spionage: Mitlesen (unverschlüsselter) Datenübertragung
- ❑ Ausnutzung einer Sicherheitslücke oder Schwachstelle in einem IT-Produkt
- ❑ Manipulation von Hardware
- ❑ Sonstiges:

____

____

Vermutete Angriffsmittel:

- ❑ Hacking
- ❑ Botnetz
- ❑ Trojanisches Pferd
- ❑ Unterstützt mit Social Engineering
- ❑ Sonstiges:

____

____

Vermutete Angriffsart:

- ❑ ungezielter Angriff, das Unternehmen war zufällig betroffen
- ❑ gezielter Angriff auf das Unternehmen
- ❑ gezielter Angriff auf eine Einzelperson im Unternehmen

Vermutete Täter:

- ❑ Unbekannter Täterkreis
- ❑ Innentäter
- ❑ Script-Kiddies

- ❑ Cyber-Aktivisten (vgl. Anonymous)
- ❑ Cyber-Kriminelle
- ❑ Wirtschaftsspionage
- ❑ Fremdstaatlicher Nachrichtendienst
- ❑ Sonstiges:

____

____

Angriffszweck:

- ❑ Erpressung
- ❑ Identitätsdiebstahl
- ❑ Entwendung vertraulicher Informationen
- ❑ Störung der Geschäftstätigkeit des Unternehmens
- ❑ Sabotage/Denial-of-Service
- ❑ Manipulation von Daten
- ❑ Nutzung von Systemressourcen (Spam-Relay, Botnetz-Client, C&C-Server, Dropzone-Server)
- ❑ Defacement
- ❑ Sonstiges:

____

____

Näheres zum Angriff

____

____

Weitere freiwillige Angaben

Entstandener Schaden:

- ❑ Es ist kein Schaden eingetreten
- ❑ Erpressungsgeld wurde gezahlt
- ❑ IT-Systeme sind ausgefallen
- ❑ Wiederherstellungsaufwand durch Bereinigung/Wiederaufsetzen der Systeme
- ❑ Folgeschäden aufgrund entwendeter Informationen werden erwartet
- ❑ Es bleibt unklar, ob sämtliche Malware gefunden/eliminiert wurde

❑ Renommee-Verlust
❑ Es waren Leib und Leben gefährdet
❑ Sonstiges:

____

____

Externe Unterstützung:

❑ Externe Forensik-Spezialisten wurden hinzugezogen
❑ Penetratonstest ist nach dem Angriff durchgeführt worden

Strafanzeige wurde gestellt:

❑ ja
❑ ist geplant
❑ nein

Täter wurde ermittelt:

❑ ja
❑ nein

Weitere Angaben:

____

____

5/7.4 Meldepflichten gegenüber Betroffenen

Unter bestimmten Bedingungen müssen auch die betroffenen Personen über die Datenschutzverletzung benachrichtigt werden.

Art. 34 DSGVO besagt:

„Hat die Verletzung des Schutzes personenbezogener Daten voraussichtlich ein hohes Risiko für die persönlichen Rechte und Freiheiten natürlicher Personen zur Folge, so benachrichtigt der Verantwortliche die betroffene Person unverzüglich von der Verletzung."

BEISPIEL

Der Europäische Datenschutzausschuss (EDSA) nennt Beispiele für Datenschutzverletzungen, bei denen voraussichtlich auch die Betroffenen informiert werden müssen:

- Ein Verantwortlicher betreibt einen Onlinedienst. Der Dienst wird Opfer eines Cyberangriffs und dabei werden personenbezogene Daten abgeschöpft.
- Ein Verantwortlicher wird Opfer eines Ransomware-Angriffs, bei dem sämtliche Daten verschlüsselt werden. Es sind keine Sicherungskopien vorhanden und die Daten können nicht wiederhergestellt werden.
- Ein Verantwortlicher betreibt einen Online-Marktplatz mit Kunden in mehreren Mitgliedstaaten. Nach einem Cyberangriff auf den Marktplatz veröffentlicht der Angreifer Benutzernamen, Passwörter und Kaufhistorie im Internet.
- Aufgrund eines Cyberangriffs sind in einem Krankenhaus medizinische Unterlagen 30 Stunden lang unzugänglich.
- Die personenbezogenen Daten einer großen Zahl von Studenten wurden versehentlich an eine falsche Mailingliste mit gut 1.000 Empfängern geschickt.

Eines der zentralen Ziele dieser Benachrichtigung der Betroffenen ist, dass die betroffenen Personen über Vorkehrungen informiert werden, die sie zu ihrem eigenen Schutz treffen können.

Zu diesem Zweck soll der betroffenen Person nach der DSGVO „in klarer und einfacher Sprache die Art der Verletzung des Schutzes personenbezogener Daten“ beschrieben werden, und sie soll zumindest erhalten:

- den Namen und die Kontaktdaten des Datenschutzbeauftragten oder einer sonstigen Anlaufstelle,
- eine Beschreibung der wahrscheinlichen Folgen der Datenschutzverletzung und
- eine Beschreibung der vom Verantwortlichen ergriffenen oder vorgeschlagenen Maßnahmen zur Behebung der Datenschutzverletzung, gegebenenfalls einschließlich der Maßnahmen zur Abmilderung ihrer möglichen nachteiligen Auswirkungen.

PRAXIS-TIPP

Wenn möglich, sollten die betroffenen Personen direkt über eine Datenschutzverletzung benachrichtigt werden, sofern dies nicht mit einem unverhältnismäßig hohen Aufwand verbunden ist. Ansonsten hat eine öffentliche Bekanntmachung oder eine ähnliche Maßnahme zu erfolgen, durch die die betroffenen Personen vergleichbar wirksam informiert werden.

5/7.5 Informationen für die Öffentlichkeit

Zum Inhalt einer möglichen Pressemeldung zum Vorfall werden diese Punkte empfohlen:

- Was ist passiert, was/wer ist betroffen?
- Gibt es Einschränkungen in der (Dienst-)Leistung – insbesondere im Hinblick auf Kritische Infrastrukturen?
- Sind (zum jetzigen Stand) personenbezogene Daten abgeflossen?
- Wurden Behörden bereits informiert?
- Wurde externe Unterstützung hinzugezogen?

PRAXIS-TIPP

Im Fall eines Cybervorfalls empfiehlt das BSI:
Für die Presse- und Öffentlichkeitsarbeit müssen Informationen zum Vorfall aufbereitet werden, um bei möglichen Presseanfragen auskunftsfähig zu sein.

5/7.6 Informationen für involvierte Dritte

Liegt eine Meldepflicht bei Verletzung des Datenschutzes nach der DSGVO vor, sind auch mögliche Dienstleister (im Rahmen der Auftragsverarbeitung) gefordert:

ACHTUNG!

Wenn einem Auftragsverarbeiter eine Verletzung des Schutzes personenbezogener Daten bekannt wird, meldet er sie dem Verantwortlichen unverzüglich.

Zudem sollten alle vertraglichen Verpflichtungen beachtet werden, die eine Information für involvierte Dritte notwendig machen können, insbesondere der Fall, dass vertragliche Leistungen nicht oder nicht im vereinbarten Rahmen (SLA, Service Level Agreement) erbracht werden können.

PRAXIS-TIPP

Was genau auf welchem Weg und an wen gemeldet werden muss, ist oftmals Gegenstand der jeweiligen vertraglichen Vereinbarung. Diese Anforderungen sollten im Notfallkonzept berücksichtigt werden, sodass auch diese vertraglichen Meldepflichten zuverlässig umgesetzt werden.

5/7.7 Meldung an eine Cyber-Versicherung

Was genau an die jeweilige Cyber-Versicherung im Fall einer Cyberattacke zu melden ist, sollten Unternehmen den konkreten Versicherungsbedingungen ihres Vertrags entnehmen.

BEISPIEL

Die Allgemeinen Versicherungsbedingungen für die Cyberrisiko-Versicherung (AVB Cyber) des Gesamtverbands der Deutschen Versicherungswirtschaft e.V. (GDV) nennen beispielhaft diese Anforderungen:

- **Anzeigepflicht:**
  Der Versicherungsnehmer hat dem Versicherer den Schadenseintritt, nachdem er von ihm Kenntnis erlangt hat, unverzüglich anzuzeigen und dem Versicherer innerhalb einer Woche die Tatsachen anzuzeigen, die seine Verantwortlichkeit gegenüber einem Dritten zur Folge haben könnte. Macht der Dritte seinen Anspruch gegenüber dem Versicherungsnehmer geltend, ist der Versicherungsnehmer zur Anzeige innerhalb einer Woche nach der Geltendmachung verpflichtet.
  Wird gegen den Versicherungsnehmer ein staatsanwaltschaftliches, behördliches oder gerichtliches Verfahren eingeleitet, ein Mahnbescheid erlassen oder ihm gerichtlich der Streit verkündet, hat er dies unverzüglich anzuzeigen.

- **Auskunftspflicht:**
  Der Versicherungsnehmer hat soweit möglich dem Versicherer unverzüglich jede Auskunft – auf Verlangen in Textform – zu erteilen, die zur Feststellung des Versicherungsfalls oder des Umfangs der Leistungspflicht des Versicherers erforderlich ist, sowie jede Untersuchung über Ursache und Höhe des Schadens und über den Umfang der Entschädigungspflicht zu gestatten und vom Versicherer angeforderte Belege beizubringen, deren Beschaffung ihm billigerweise zugemutet werden kann.
- **Dokumentation des Schadensbildes:**
  Der Versicherungsnehmer hat das Schadensbild so lange unverändert zu lassen, bis der Versicherer eine Veränderung gestattet. Sind Veränderungen unumgänglich, ist das Schadensbild nachvollziehbar zu dokumentieren.
- **Unterstützung bei der Schadensregulierung:**
  Der Versicherungsnehmer hat dem Versicherer ausführliche und wahrheitsgemäße Schadensberichte zu erstatten und ihn bei der Schadensermittlung und -regulierung zu unterstützen. Alle Umstände, die nach Ansicht des Versicherers für die Bearbeitung des Schadens wichtig sind, müssen mitgeteilt sowie alle dafür angeforderten Schriftstücke übersandt werden.

6 Cybersicherheit als Teil des neuen Datenschutzkonzepts

6/1 Hauptthemen der Cybersicherheit als Teil des neuen Datenschutzkonzepts

Cybersicherheit muss als Teil des neuen technischen Datenschutzes verstanden werden, daran lassen die Cyberattacken und ihre Folgen für personenbezogene Daten und uns Menschen überhaupt keinen Zweifel mehr. Das bedeutet aber nicht, dass der bisherige technische Datenschutz obsolet wäre oder komplett ersetzt werden müsste. Vielmehr muss der technische Datenschutz ausgeweitet werden. Betrachtet man Cybersicherheit auf der einen Seite und klassischen technischen Datenschutz auf der anderen Seite, findet man zahlreiche Überschneidungen und damit eine große Schnittmenge.

6/1.1 Maßnahmenkatalog für den technischen Datenschutz für mehr Cybersicherheit

PRAXIS-TIPP

Die folgenden Punkte bilden eine Übersicht und Checkliste, welche Bestandteile des technischen Datenschutzes gleichzeitig zu einem Konzept für Cybersicherheit gehören. Datenschutzbeauftragte können dabei viele Aufwände ihrer bisherigen Arbeit weiterverwenden, doch es kommt auch Neues hinzu.

Maßnahmen im technischen Datenschutz	Bezug zur Cybersicherheit	Übernahme in Konzept für Cybersicherheit	
		Ja	Nein
Verwendung sicherer Hardware (Server, PCs, Notebooks, Tablets, Smartphones, IoT-Geräte)	Cyberattacken erreichen die genutzte Hardware über Internet- oder andere Netzwerkverbindungen. Dabei nutzen die Angreifer Schwachstellen der genutzten Hardware aus (Fehlkonfigurationen, Sicherheitslücken) und gefährden alle Daten, die über die Hardware zugänglich sind.	❑	❑
Regelungen zu BYOD (Bring Your Own Device)	Gerade betrieblich genutzte private IT ist häufig fehlerhaft und damit unsicher eingestellt oder wird nicht angemessen geschützt (Sicherheitssoftware, Einspielen von Patches). Deshalb können Cyberattacken auf und über private IT besonders folgenreich sein.	❑	❑
Verwendung sicherer Netzwerke (Unternehmen, Homeoffice, mobile Arbeit)	Falsch konfigurierte Netzwerke und mangelnde Netzwerksicherheit machen es für Cyberangreifer möglich, vom Internet in das Netzwerk vorzudringen, um dort Daten auszuspähen.	❑	❑
Verwendung sicherer Cloud-Dienste	Unsichere Cloud-Dienste können die dort gespeicherten Daten gefährden und zur Hintertür zu anderen Daten werden. Dabei sind die Cloud-Dienste über das Internet für die Angreifer leicht zugänglich, wenn sie nicht angemessen geschützt werden.	❑	❑
Regelungen zur Vermeidung von Schatten-IT	Private Cloud-Dienste, die betrieblich genutzt werden, machen einen zunehmend großen Teil der Schatten-IT aus. Sind die Konfiguration und die Sicherheit dieser Cloud-Dienste unzureichend, sind die dort gespeicherten Daten in Gefahr.	❑	❑

Maßnahmen im technischen Datenschutz	Bezug zur Cybersicherheit	Übernahme in Konzept für Cybersicherheit	
		Ja	Nein
Verwendung sicherer Zugänge (VPN, Virtual Private Networks/Zero-Trust-Konzepte)	Gerade durch Homeoffice und mobile Arbeit ist die Zahl der Fernzugriffe angewachsen. Diese Fernzugriffe auf die Unternehmens-IT müssen geschützt werden, damit Cyberattacken sie nicht ausspähen oder unterbrechen können.	❑	❑
Verwendung starker Passwörter	Viele Cyberattacken starten mit der Ausspähung (Phishing) oder dem Knacken von Passwörtern, da sich so digitale Identitäten und Berechtigungen für eine weitere Attacke missbrauchen lassen.	❑	❑
Zwei-Faktor-Authentifizierung (2FA)	Cyberattacken starten oft mit Phishing-Attacken, sodass zusätzliche Sicherheitsfaktoren wichtig sind, um die Zugänge zu den Daten besser zu schützen.	❑	❑
Regelung der Berechtigungen (Need-to-Know-Prinzip)	Minimale Berechtigungen sind wichtig, da Cyberattacken versuchen, die Zugänge und Berechtigungen ihrer Opfer zu missbrauchen.	❑	❑
Einspielen von Fehlerbehebungen/Aktualisierungen (Patch Management)	Cyberangriffe versuchen, Sicherheitslücken in Betriebssystemen und Anwendungen auszunutzen, um so Systeme stören und Daten ausspähen zu können.	❑	❑
Verwendung sicherer Speichermedien (lokal/Netzwerk/Cloud)	Sind Speichermedien über Endgeräte, Netzwerke oder Cloud-Dienste erreichbar und nicht ausreichend geschützt, sind die darauf befindlichen Daten in Gefahr, da sie im Internet „exponiert" sind, also von extern erreicht werden können.	❑	❑

Maßnahmen im technischen Datenschutz	Bezug zur Cybersicherheit	Übernahme in Konzept für Cybersicherheit	
		Ja	Nein
Sichere, vollständige Datensicherung (Backups)	Zu den häufigsten Cyberattacken zählen die Ransomware-Attacken, die Daten kriminell und gegen den Willen der Opfer verschlüsseln. Gibt es Backups, können die Daten wieder verfügbar gemacht werden. Deshalb greifen viele Cyberkriminelle auch gezielt Backups an, um diesen Ausweg zu verhindern.	❑	❑
Sichere, digitale Kommunikation (Mail, Messenger, Chats)	Digitale Kommunikation nutzt das Internet und kann bei unzureichendem Schutz über Cyberangriffe belauscht und manipuliert werden.	❑	❑
Sichere Datentransfers (lokal/Netzwerk/ Cloud)	Nutzen Datentransfers das Internet oder kann das Internet die lokalen Ziele der Datenübertragung erreichen, können Cyberattacken die Datentransfers belauschen und stören.	❑	❑
Schutz vor Malware und Ransomware (lokal/Netzwerk/ Cloud)	Über das Internet können Malware und insbesondere Ransomware die Daten erreichen und die Schutzziele unterlaufen. Cyberattacken setzen häufig auf Malware, um Daten auszuspionieren, zu zerstören oder zu manipulieren.	❑	❑
Regelungen für den Notfall/Meldepflichten	Cyberattacken können zu IT-Notfällen führen und Datenschutzverletzungen nach sich ziehen. Sie sind deshalb ein möglicher Anlass für eine Meldeverpflichtung.	❑	❑
Schutz vor Social Engineering/ Sensibilisierung und Schulung	Wir Menschen gelten als Schwachstelle Nummer 1, die bei Cyberattacken häufig ausgenutzt wird. Zum Beispiel verführen die Angreifer dazu, einen verseuchten Link anzuklicken und vertrauliche Informationen zu verraten.	❑	❑

Maßnahmen im technischen Datenschutz	Bezug zur Cybersicherheit	Übernahme in Konzept für Cybersicherheit	
		Ja	Nein
Maßnahmen für die Ausfallsicherheit	Zu den häufigen Cyberangriffen gehören auch Überlastungsangriffe (DDoS-Attacken). Dadurch fallen IT-Dienste aus und sind Daten nicht mehr verfügbar.	☐	☐
Maßnahmen zur Überwachung und Protokollierung des Datenverkehrs	Cyberattacken fallen leider sehr spät oder gar nicht auf, sodass die Angreifer viel Zeit haben, um die Daten zu missbrauchen. Deshalb muss die Überwachung und Protokollierung auch die Vernetzung und die Verbindung ins Internet umfassen und damit den Cyberraum.	☐	☐
Maßnahmen zur Erkennung und Abwehr bei Vorfällen	Ungewöhnliche Aktivitäten bei Endgeräten, Anwendungen, im Netzwerk und in der Cloud können Anzeichen für Cyberattacken sein. Deshalb sind Maßnahmen zur Erkennung solcher Attacken und zur Eindämmung der Schäden durch erkannte Angriffe entscheidend.	☐	☐

6.2 Weitere Elemente der Cybersicherheit

6.2.1 Erweiterung des technischen Datenschutzes

Die Ausweitung der IT in den Cyberraum und damit die Vernetzung mit dem Internet führen dazu, dass die klassische IT-Sicherheit und die bisherige Datensicherheit nicht mehr ausreichen. Zum einen müssen die bisherigen Sicherheitsfunktionen auf die Vernetzung ausgeweitet werden, zum anderen sind zusätzliche Funktionen für die Cybersicherheit notwendig.

Im Folgenden sollen deshalb beispielhaft einige neuartige Kategorien der Sicherheit kurz vorgestellt werden, die je nach Schutzbedarf und eingesetzter und damit zu schützender IT-Infrastruktur im IT-Sicherheits- und Datenschutzkonzept berücksichtigt werden sollten:

BEISPIEL

Endpoint Detection and Response (EDR)

Endgeräte (Endpoints) umfassen PCs, Notebooks, Smartphones, Tablets und IoT-Geräte (wie Smart-Home-Geräte, aber auch vernetzte Industrieanlagen), auch Server können dazu gezählt werden. Viele Cyberattacken richten sich auf Endpoints, da dort die Daten verarbeitet und gespeichert werden und da dort die Nutzerinnen und Nutzer agieren, die mittels Social Engineering ausgetrickst werden sollen.

EDR sucht nach Anzeichen für Cyberattacken auf den Endpoints selbst und warnt entsprechend. Zudem können Maßnahmen zur Antwort auf die erkannte Cyberattacke eingeleitet werden, zum Beispiel die Trennung eines mit Malware verseuchten Endpoints vom Unternehmensnetzwerk.

BEISPIEL

Network Detection and Response (NDR)

Betrieblich genutzte Netzwerke sind inzwischen nicht nur das Unternehmensnetzwerk selbst, sondern auch das Heimnetzwerk im Homeoffice oder das WLAN des Hotels bei einer Dienstreise. Die im Netzwerk übertragenen Daten können abgehört, manipuliert, umgelenkt oder blockiert werden, wenn es zu einer Cyberattacke kommt.

NDR sucht nach Anzeichen für verdächtige Netzwerkaktivitäten, warnt entsprechend und kann Abwehrmaßnahmen einleiten, wie die Blockade einer Netzwerkverbindung durch einen entsprechenden Befehl an die Firewall.

BEISPIEL

Extended Detection and Response (XDR)

Endpoints befinden sich in Interaktion mit dem Internet, weiteren Netzwerken, Anwendungen und Cloud-Diensten, ebenso mit digitalen Identitäten (der Nutzerinnen und Nutzer). All diese Interaktionen können Risiken in sich bergen. Die Cyberattacken, die auf die Endpoints und Daten abzielen, erreichen diese über die Interaktionen.

XDR sucht deshalb auch in der Umgebung (Kontext) der Endpoints nach Anzeichen für Attacken, warnt entsprechend und kann in den überwachten Infrastrukturen auch Maßnahmen zur Abwehr und Schadensbegrenzung einleiten.

BEISPIEL

Web Application Firewalls (WAF)

Anwendungen sind zunehmend nicht mehr auf den Endpoints installiert, sondern werden aus dem Web und aus Cloud-Diensten bezogen. Der Datenverkehr, den eine Firewall überwachen soll, sollte danach unterschieden werden, ob es sich um eine freigegebene und sichere Applikation handelt oder nicht.

Genau diese Unterscheidung kann eine WAF vornehmen, im Gegensatz zu einer einfachen Netzwerk-Firewall, die nicht nach Applikationen unterscheiden kann.

BEISPIEL

Cloud Access Security Broker (CASB)

Mit der Verlagerung der IT in die Cloud (Cloud-Migration), die in Zeiten von Homeoffice und mobiler Arbeit noch weiter zugenommen hat, kommt es immer häufiger zu Zugriffen auf Cloud-Dienste und Cloud-Daten.

Dabei ist es wichtig, zu unterscheiden, ob der Cloud-Dienst ein freigegebener Service ist und ob von dem Cloud-Dienst Risiken ausgehen, die als zu hoch eingestuft werden. Verbotene und unsichere Cloud-Dienste werden mittels CASB blockiert, die Cloud-Nutzung kann überwacht und abgesichert werden.

BEISPIEL

Cloud Security Posture Management (CSPM)

Cloud-Dienste werden vermehrt genutzt, doch die Erfahrung mit der Cloud ist noch begrenzt. Viele Unternehmen machen Fehler bei den Einstellungen, den Konfigurationen der eingesetzten Cloud-Dienste.

In der Security geht man davon aus, dass inzwischen die meisten Sicherheitsvorfälle in der Cloud durch fehlerhafte Konfigurationen passieren, da die falschen Einstellungen zu Störungen führen und auch Cyberattacken erleichtern oder ermöglichen können. CSPM prüft und optimiert die Cloud-Einstellungen deshalb.

BEISPIEL

Secure Access Service Edge (SASE)

Datenverarbeitung und Datenzugriffe finden nicht nur im Unternehmensnetzwerk, sondern nahezu überall statt, standortübergreifend. Homeoffice und mobile Arbeit sind Beispiele dafür. Entsprechend müssen die Netzwerkfunktionen genau wie die Sicherheitsfunktionen nicht nur im Unternehmensnetzwerk verfügbar sein, sondern an jedem Standort.

In der Security geht man davon aus, dass deshalb die Zukunft der Netzwerksicherheit in der Cloud liegt. Das Sicherheitsmodell SASE (Secure Access Service Edge) sieht eine Verschmelzung von Netzwerkmanagement und Sicherheit in nur einer cloudbasierten Plattform vor.

BEISPIEL

Browser Isolation

Webseiten, Webapplikationen und Clouddienste werden in der Regel über den Webbrowser oder mobil über eine Browser-App genutzt. Dabei können über den Browser oder die Browser-App Cyberattacken erfolgen, indem zum Beispiel die Webseite verseucht worden ist.

Browser Isolation öffnet deshalb die Webinhalte innerhalb eines isolierten Bereichs. Kommt es dann zu einer Attacke, zum Beispiel zum Download einer Malware, kann diese nicht auf andere Bereiche des Endpoints, auf andere Browserfunktionen und auf andere Daten zugreifen. Sie bleibt in dem isolierten Bereich.

BEISPIEL

Zero Trust Network Access (ZTNA)

Nutzer, Geräte und Anwendungen können sich inzwischen überall befinden und auf Daten zugreifen. Dabei muss jeder Zugriff zuerst als Risiko gesehen werden, ob es ein eigenes Gerät, ein bekannter Nutzer oder eine freigegebene Applikation ist.

Das Modell Zero Trust macht deshalb die Berechtigungen vom aktuellen Risiko abhängig. ZTNA ist entsprechend eine Lösung, die risikoabhängig den Zugriff überwacht, erlaubt, einschränkt oder verbietet.

6.2.2 Maßnahmenkatalog zusätzlicher Elemente für mehr Cybersicherheit

PRAXIS-TIPP

Die folgenden Sicherheitskategorien sollten je nach Schutzbedarf und eingesetzter und damit zu schützender IT-Infrastruktur im IT-Sicherheits- und Datenschutzkonzept berücksichtigt werden.

Sicherheitskategorie	Bedeutung für Cybersicherheit	Aufgenommen in das Konzept für Datensicherheit	
		Ja	Nein
Endpoint Detection and Response (EDR)	Erkennung und Eindämmung von Cyberattacken auf Endpoints	❑	❑
Network Detection and Response (NDR)	Erkennung und Eindämmung von Cyberattacken durch Suche nach Anomalien im Netzwerkverkehr	❑	❑
Extended Detection and Response (XDR)	Erkennung und Eindämmung von Cyberattacken in der IT-Infrastruktur (Endpoints, Applikationen, Netzwerke, Clouds, Identitäten)	❑	❑
Web Application Firewalls (WAF)	Überwachung und Steuerung des Datenverkehrs und der Datenzugriffe auf der Ebene von (Web)-Applikationen	❑	❑

Sicherheits-kategorie	Bedeutung für Cybersicherheit	Aufgenommen in das Konzept für Datensicherheit	
		Ja	Nein
Cloud Access Security Broker (CASB)	Überwachung und Steuerung der Nutzung von Cloud-Diensten und der Zugriffe auf sie	❑	❑
Cloud Security Posture Management (CSPM)	Kontrolle und Überwachung der Konfiguration von Cloud-Diensten	❑	❑
Secure Access Service Edge (SASE)	Cloudbasierte Sicherheitsplattform mit integrierten Netzwerk- und Security-Funktionen zur Absicherung der Cloud-Migration und standortunabhängiger Datenzugriffe	❑	❑
Browser Isolation	Absicherung der Nutzung von Webseiten und Webapplikationen durch eine Abtrennung der Ausführung von anderen IT-Prozessen	❑	❑
Zero Trust Network Access (ZTNA)	Überwachung und Steuerung der (Netzwerk-) Zugriffe auf Basis des Zero-Trust-Ansatzes	❑	❑

6/3 Datenschutzrisiko „Cybersicherheit"

6/3.1 Risiko: Nutzerüberwachung und Nutzerprofile

Die vielfältigen Bedrohungen und Angriffswege bei der vernetzten IT machen es nicht leicht, Cyberrisiken frühzeitig zu erkennen und richtig einzuschätzen. Klassische Konzepte der IT-Sicherheit gingen von einem sicheren Bereich, dem Unternehmensnetzwerk, aus und sahen die Bedrohungen außerhalb.

Schon früher war dieser Ansatz, von einer inneren Sicherheit auszugehen, unzureichend, denn seit jeher ist es Angreifenden gelungen, den „Schutzwall" der internen IT zu durchbrechen, es gab schon früher erfolgreiche Attacken. Zudem konnten auch schon früher Bedrohungen aus dem Inneren kommen, durch sogenannte Innentäter, die absichtlich oder mangels Vorsicht IT-Vorfälle verursacht haben.

Durch die fortschreitende Digitalisierung, die zunehmende Vernetzung mit dem Internet und die weitgehend standortunabhängige Arbeit im Homeoffice oder unterwegs haben sich die festen Grenzen der Unternehmens-IT aufgelöst.

Nutzer, Geräte und Anwendungen von innerhalb und außerhalb greifen auf Daten zu, mit jedem dieser Datenzugriffe sind aber Risiken verbunden. Deshalb setzt die Security inzwischen auf den „Zero-Trust-Ansatz“. Er bedeutet: Vertraue keinem Nutzer, keinem Gerät, keiner Anwendung, keiner Cloud und keinem Netzwerk, ohne die aktuellen Risiken zuvor geprüft zu haben. Entsprechend werden interne Zugriffe durch Beschäftigte erst einmal genauso kritisch gesehen wie externe Zugriffe durch Geschäftspartner.

Um die Risiken der Datenzugriffe bewerten zu können, suchen moderne Lösungen der Cybersicherheit nach Anomalien im Verhalten, bei Clouds, Netzwerken, Anwendungen und Nutzern. Zuerst wird das Normalverhalten ermittelt, um dann Abweichungen davon als Anzeichen für mögliche Vorfälle erkennen zu können.

ACHTUNG!

Das bedeutet aber, dass die Cybersicherheit ein umfassendes Monitoring der IT-Aktivitäten durchführen muss und entsprechend Profile auch zu den Nutzerinnen und Nutzern anlegt. Aus Sicht des Datenschutzes müssen hierbei die Grundsätze der Erforderlichkeit, der Datenminimierung und der Zweckbindung streng beachtet werden, damit es nicht zu einer umfassenden Überwachung der Nutzenden kommen kann.

6.3.2 Risiko: Einsatz von Künstlicher Intelligenz (KI) in der Cybersicherheit

Die Fülle an Daten, die zur Bestimmung des Normalverhaltens und zur Aufdeckung von Anomalien gesammelt und analysiert werden, übersteigt die personellen Ressourcen und die menschlichen Möglichkeiten.

Deshalb setzen viele Lösungen der Cybersicherheit inzwischen auf Maschinelles Lernen (Machine Learning) und Künstliche Intelligenz (KI). Entsprechend verarbeiten dann KI-basierte Lösungen auch Daten der Nutzerinnen und Nutzer.

BEISPIEL

> „Der Einsatz von Künstlicher Intelligenz (KI) eröffnet neue Möglichkeiten und Anwendungen und beeinflusst schon jetzt viele kritische Prozesse und Entscheidungen, zum Beispiel in der Wirtschaft oder im Gesundheitsbereich. Gleichzeitig sind auf KI basierende Systeme neuen Sicherheitsbedrohungen ausgesetzt, die von etablierten IT-Sicherheitsstandards nicht abgedeckt werden. Mit der zunehmenden Verbreitung lernender Systeme stellt sich immer dringender die Frage nach ihrer Vertrauenswürdigkeit."
>
> *BSI (Bundesamt für Sicherheit in der Informationstechnik)*

KI

ACHTUNG!

Datenschutzbeauftragte sollten beim Einsatz von KI-Lösungen in der Cybersicherheit folgende Fragen stellen: Welche personenbezogenen Daten werden von der KI-Lösung ausgewertet? Sind die betroffenen Nutzerinnen und Nutzer darüber informiert und haben sie eingewilligt? Gibt es bei fehlender Einwilligung eine andere Rechtsgrundlage? Wird die Zweckbindung durch die KI unterlaufen? Werden also zum Beispiel Nutzungsdaten zu Zwecken der Cybersicherheit analysiert, die zu anderen Zwecken erhoben wurden? So könnten Nutzende an ihrem Endgerät die Standortdaten für eine lokale Wettervorhersage freigegeben haben, die KI könnte diese Standortdaten aber anderweitig für eine Risikoanalyse nutzen.

6.3.3 Risiko: Weitgehende Systemprivilegien der Cybersicherheitslösungen

Neben der KI-Basis vieler Cybersicherheitslösungen gibt es weitere Faktoren, die der Datenschutz bei der Cybersicherheit hinterfragen muss. So hat das BSI auf die besonders weitgehenden Berechtigungen zum Beispiel von Antivirensoftware hingewiesen.

Antivirensoftware einschließlich der damit verbundenen echtzeitfähigen Clouddienste verfügt über weitreichende Systemberechtigungen und muss systembedingt (zumindest für Aktualisierungen) eine dauerhafte, verschlüsselte und nicht prüfbare Verbindung zu Servern des Herstellers unterhalten. Daher ist Vertrauen in die Zuverlässigkeit und den Eigenschutz eines Herstellers sowie seiner authentischen Handlungsfähigkeit entscheidend für den sicheren Einsatz solcher Systeme. Wenn Zweifel an der Zuverlässigkeit des Herstellers bestehen, birgt Virenschutzsoftware ein besonderes Risiko für eine zu schützende IT-Infrastruktur.

PRAXIS-TIPP

Entsprechend ist die Auswahl eines Anbieters für Cybersicherheit eine Aufgabe, in die neben Einkauf, IT-Abteilung, Rechtsabteilung und IT-Sicherheitsabteilung auch immer der oder die Datenschutzbeauftragte einbezogen werden sollte.

---

7 Ausblick: Die größten Cyberrisiken der Zukunft

Der moderne Datenschutz muss sich dauerhaft mit Cyberrisiken und der Cybersicherheit befassen, mit steigender Tendenz. Neue, verschärfte Compliance-Anforderungen, Gesetze und Verordnungen müssen beachtet und umgesetzt werden. Die IT entwickelt sich auf allen Ebenen dynamisch weiter. Neue Geräte, Anwendungen und Technologien kommen hinzu, die neue, erhöhte Risiken mit sich bringen. Nicht zuletzt ruhen auch die Cyberkriminellen nicht, sie entwickeln fortlaufend neue Angriffsmethoden, der Kreativität sind anscheinend keine Grenzen gesetzt. Datenschutzbeauftragte sollten sich einen Überblick verschaffen, was auf sie zukommt, und sich regelmäßig informieren.

7/1 Compliance und rechtliche Veränderungen

Neben der Datenschutz-Grundverordnung (DSGVO) und dem neuen Bundesdatenschutzgesetz (BDSG) sowie weiteren Datenschutzgesetzen sind auch die rechtlichen Vorgaben im Bereich Cybersicherheit für Datenschutzbeauftragte mitentscheidend. Hier zeichnen sich weitere Verschärfungen bei den Anforderungen ab.

Compliance-Mängel gehören deshalb zu den wichtigsten Cyberrisiken der Zukunft.

7/1.1 Verschärfte Cybersicherheitsstrategie des Bundes

Vor dem Hintergrund des russischen Angriffskriegs auf die Ukraine will die Bundesregierung Deutschlands Cyberfähigkeiten ausbauen. Dazu erklärte die Bundesinnenministerin im April 2022:

BEISPIEL

„Wir sehen angesichts des russischen Angriffskriegs gegen die Ukraine, wie sehr die äußere und die innere Sicherheit miteinander zusammenhängen. Das gilt gerade für die Cybersicherheit. Die Zeitenwende, die wir erleben, erfordert deutliche Investitionen in unsere Cyber- und Informationssicherheit. Das hat besondere Priorität für uns. Wir modernisieren die nationale Cybersicherheitsarchitektur und bauen das Bundesamt für Informationssicherheit zur Zentralstelle aus. Die Cyberbefugnisse der Sicherheitsbehörden werden wir weiterentwickeln."

Nancy Faeser, Bundesministerin des Innern und für Heimat (April 2022)

Im Rahmen der „Cybersicherheitsstrategie für Deutschland 2021" hatte die Bundesregierung zuvor bereits deutlich gemacht:

BEISPIEL

„Die Cybersicherheit ist eine Aufgabe der Gegenwart und eine der wichtigsten Aufgaben für die Zukunft. Unsere Zeit ist geprägt von neuen Möglichkeiten einer digitalisierten Welt, wie künstliche Intelligenz (KI), vernetzte elektronische Geräte und neue innovative Kommunikationskanäle. Um die Chancen der Digitalisierung ausschöpfen zu können, müssen die Risiken minimiert werden. Die Gefährdungslage im Cyberraum ist sehr hoch. Der Staat hat gemeinsam mit Wirtschaft und Gesellschaft Sorge dafür zu tragen, dass die neuen Technologien sicher, frei und selbstbestimmt nutzbar sind. Dazu gehören gut ausgestattete Sicherheitsbehörden, ein effektiver Schutz von kritischen Infrastrukturen und Wirtschaftsunternehmen und mehr Sicherheit für die Bürgerinnen und Bürger im digitalen Raum. Cybersicherheit ist kein notwendiges Übel, sondern Voraussetzung dafür, dass die Digitalisierung gelingt."

Horst Seehofer, Bundesminister des Innern, für Bau und Heimat (August 2021)

BSI: Cybersicherheit soll fest verankert werden

Das Bundesamt für Sicherheit in der Informationstechnik (BSI) erklärte im Lagebericht zur IT-Sicherheit in Deutschland, dass im Bereich der Informationssicherheit – zumindest in Teilbereichen – Alarmstufe Rot herrscht.

Als Konsequenz aus der Bedrohungslage fordert das BSI, der Informationssicherheit einen höheren Stellenwert beizumessen. Im Rahmen von Digitalisierungsprojekten sollte die Cybersicherheit fest verankert werden und die gesamte Lieferkette umfassen.

Neue Verordnungen zur Cybersicherheit in der EU

Im Dezember 2020 legten die Europäische Kommission und der Europäische Auswärtige Dienst (EAD) eine neue EU-Strategie für die Cybersicherheit vor. Mit dieser Strategie soll die Widerstandsfähigkeit Europas gegenüber Cyberangriffen gestärkt und gewährleistet werden, dass alle Bürgerinnen und Bürger und Unternehmen in vollem Umfang von vertrauenswürdigen und zuverlässigen Diensten und digitalen Instrumenten profitieren können.

Darüber hinaus arbeitet die EU an zwei Legislativvorschlägen, mit denen gegenwärtige und künftige Online- und Offline-Risiken angegangen werden sollen:

- eine aktualisierte Richtlinie zum besseren Schutz von Netz- und Informationssystemen
- eine neue Richtlinie über die Resilienz kritischer Einrichtungen

Die EU-Richtlinie zur Netz- und Informationssicherheit (NIS-Richtlinie) wurde 2016 eingeführt. Sie enthält Sicherheitspflichten für Betreiber wesentlicher Dienste (in kritischen Sektoren wie Energie, Verkehr, Gesundheit und Finanzen) und Anbieter digitaler Dienste (Online-Marktplätze, Online-Suchmaschinen und Cloud-Computing-Dienste). Im Dezember 2020 hatte die Europäische Kommission eine überarbeitete NIS-Richtlinie (NIS 2) vorgeschlagen, die die Richtlinie von 2016 ersetzen soll.

Nach ihrer Annahme wird die neue Richtlinie mit der Bezeichnung NIS 2 die derzeit geltende Richtlinie zur Netz- und Informationssicherheit (die NIS-Richtlinie) ersetzen.

Stärkung von Risiko- und Sicherheitsvorfallmanagement und der Zusammenarbeit

NIS 2 wird die Grundlage für Maßnahmen für das Cybersicherheitsrisikomanagement und für Meldepflichten in allen Sektoren bilden, die unter die Richtlinie fallen, wie etwa Energie, Verkehr, Gesundheit und digitale Infrastruktur.

Mit der überarbeiteten Richtlinie sollen Unterschiede bei den Anforderungen an die Cybersicherheit und bei der Umsetzung von Cybersicherheitsmaßnahmen zwischen verschiedenen Mitgliedstaaten beseitigt werden. Dazu werden Mindestvorschriften für einen Rechtsrahmen und Mechanismen für eine wirksame Zusammenarbeit zwischen den zuständigen Behörden der einzelnen Mitgliedstaaten festgelegt.

Während nach der alten NIS-Richtlinie die Mitgliedstaaten dafür zuständig waren, festzulegen, welche Einrichtungen die Kriterien für die Einstufung als Betreiber wesentlicher Dienste erfüllen, wird mit der neuen NIS-2-Richtlinie ein Schwellenwert für die Größe eingeführt. Das bedeutet, dass alle mittleren und großen Unternehmen, die in den von der Richtlinie erfassten Sektoren tätig sind oder eine unter die Richtlinie fallende Art von Diensten erbringen, in den Anwendungsbereich der Richtlinie fallen.

Da auch öffentliche Verwaltungen oft Ziel von Cyberangriffen sind, wird NIS 2 für Einrichtungen der öffentlichen Verwaltung auf zentraler und regionaler Ebene gelten. Darüber hinaus können die Mitgliedstaaten beschließen, dass sie auch für derartige Einrichtungen auf lokaler Ebene gilt.

Nicht vergessen: Geschäftsgeheimnisschutz-Gesetz (GeschGehG)

Der Bundesverband IT-Sicherheit e.V. (TeleTrusT) weist darauf hin, dass auch nach drei Jahren Geltung des Geschäftsgeheimnisschutz-Gesetzes (GeschGehG) viele Unternehmen die Anforderungen an den Schutz nicht kennen oder nicht wirksam umsetzen.

PRAXIS-TIPP

Mit dem Gesetz zum Schutz von Geschäftsgeheimnissen wurde der Schutz von Know-how, Betriebsgeheimnissen und internem Sonderwissen europaweit auf eine neue Stufe gehoben. Geschäftsgeheimnisse können mannigfache Informationen sein, z.B. aus den Bereichen Entwicklung, Fertigung, Vertrieb, Marketing, Forschung und nicht zuletzt IT und auch IT-Sicherheit.

Viele Unternehmen unterschätzen jedoch zum einen den breiten Anwendungsbereich des Gesetzes und damit die Vielfältigkeit der Informationen, die geschützt werden können. Zum anderen zeigt sich eine Herausforderung auf anderer Ebene: Der neue Schutz des Geschäftsgeheimnisses setzt voraus, dass die Geheimnisse im Unternehmen auch tatsächlich geschützt werden.

Es sind also technische und organisatorische Maßnahmen, sogenannte angemessene Geheimhaltungsmaßnahmen, zu ergreifen und nachweisbar zu dokumentieren, wenn der Schutz gegenüber Dritten in Anspruch genommen werden soll.

Damit rückt die Informations- und IT-Sicherheit einmal mehr in den Blickpunkt jeder Geschäftsführung oder sollte es. Ohne IT-Sicherheit lässt sich ein Geschäftsgeheimnis weder tatsächlich bewahren noch rechtlich schützen.

ACHTUNG!

Häufig sind gefährdete Geschäftsgeheimnisse auch mit personenbezogenen Daten verbunden, sodass auch der Datenschutz betroffen sein kann.

7/2 Dynamische Entwicklung der IT

7/2.1 Neue Digitaltechnologien beeinflussen Cyberrisiken

Der Einsatz neuer digitaler Technologien hat einen Einfluss auf die Risiken für personenbezogene Daten. Aus gutem Grund muss hier an eine mögliche Datenschutz-Folgenabschätzung (DSFA) gedacht werden, wie in Art. 35 DSGVO gefordert.

Künstliche Intelligenz (KI) zum Beispiel wird in der Bevölkerung zunehmend positiv gesehen. So geben fast drei Viertel (72 %) der Bundesbürgerinnen und Bundesbürger an, dass sie Künstliche Intelligenz ausschließlich (27 %) oder eher (45 %) als Chance sehen. 13 % sehen in KI derzeit eher eine Gefahr, so das Ergebnis einer Befragung im Auftrag des Digitalverbands Bitkom aus dem Jahr 2021.

Die Berührungspunkte von KI mit dem Datenschutz wird an den möglichen Einsatzfeldern schnell deutlich: In fast allen Lebensbereichen wünscht sich eine Mehrheit den Einsatz von Anwendungen, die auf KI basieren. Ganz oben stehen mit jeweils rund drei Viertel Zustimmung der Einsatz von KI zur Unterstützung älterer Menschen (77 %), zum Beispiel um den Gesundheitszustand zu überwachen, bei der persönlichen Weiterbildung (76 %), etwa beim Sprachenlernen, und als Unterstützung für den Arzt (73 %), zum Beispiel um die bestmögliche Diagnose und Therapie zu finden. Jeweils 7 von 10 befürworten eine KI-Nutzung in Ämtern und Behörden (71 %), etwa um Anträge schneller bearbeiten zu können, und bei der Polizei (69 %), zum Beispiel um mit Videokameras Gefahrensituationen automatisch erkennen oder Orte mit hoher Verbrechenswahrscheinlichkeit identifizieren zu können.

Jeweils 6 von 10 wünschen sich Künstliche Intelligenz als Service-Bot in Telefon-Hotlines und Online-Chats (63 %), um Fragen schnell beantworten zu können, als Lehrer oder Dozent in Schule oder Universität (62 %), zum Beispiel um Stoff zu vermitteln oder Leistungen zu bewerten, in Personalabteilungen (61 %), um Bewerbungen schneller zu sichten und neutraler einzuschätzen, sowie für politische Entscheidungen (60 %), etwa um die Folgen von Gesetzen besser abschätzen zu können. Eine Mehrheit (56 %) befürwortet KI zudem auch im militärischen Bereich, etwa um Satellitenbilder automatisiert auszuwerten.

Datenschutz und Cybersicherheit müssen reagieren

Der Bundesdatenschutzbeauftragte erklärte zum Einsatz von KI:

BEISPIEL

„Diese Technologie hat gerade erst begonnen unser Leben grundlegend zu verändern. Neben den sich bietenden Chancen muss aber sichergestellt sein, dass Persönlichkeitsrechte, das Recht auf informationelle Selbstbestimmung und andere Grundrechte nicht durch KI verletzt werden. Denn solche Systeme verarbeiten häufig personenbezogene Daten, die große Risiken für die Rechte und Freiheiten von Menschen darstellen."

Prof. Ulrich Kelber, Bundesbeauftragter für den Datenschutz und die Informationsfreiheit (BfDI)

Auch in der Cybersicherheit hat die Nutzung von KI zwei Seiten. Ein Beispiel: Social Engineering ist als Angriffsvektor weit verbreitet. In Zukunft könnten KI-generierte Deep-Fake-Videos hierbei eine stärkere Rolle spielen, so das BSI. Sie stellen bekannte und unbekannte Personen dar, um Handlungen zu bezeugen, die nie stattgefunden haben. Dabei wird in aufgenommenen Szenen das Gesicht der Zielperson auf das eines anderen Akteurs projiziert.

Auf der anderen Seite wurden verschiedene KI-Anwendungen eingeführt, die auch den Kampf gegen Cyberattacken unterstützen, berichtet das BSI. Kombiniert mit bestehenden Ansätzen haben KI-Methoden in der Cybersicherheit das Potenzial, die Abwehr in verschiedenen Phasen zu verbessern: Bei der Entwicklung und Bewertung von Produkten, bei der Erkennung von Angriffen und (mit Entscheidungshilfen) in der Phase der Reaktion nach Angriffen.

Aufgrund der großen Datenmenge, mit der Cybersicherheitsanalysten konfrontiert sind, und der wachsenden Komplexität von Angriffen könnten sich KI-Methoden als sehr nützlich erweisen, indem sie die Arbeit der Verteidiger teilweise automatisieren, wie das BSI darlegt.

PRAXIS-TIPP

Datenschutzbeauftragte müssen in Zukunft verstärkt auf die Veränderungen in der IT und auf den Einsatz neuer Digitaltechnologien wie KI achten, um die möglichen Vorteile für den Datenschutz und die Cybersicherheit zu erkennen, aber auch die damit verbundenen Cyberrisiken.

7/3 Stetig wachsende Cyberbedrohungen

Unternehmen erwarten auch in den nächsten Jahren eine angespannte Cybersicherheitslage. Nach der eco-IT-Sicherheitsumfrage 2022 steht der Anstieg von Cyberkriminalität auf Rang 1 der von Unternehmen erwarteten Veränderungsimpulse in den kommenden fünf Jahren.

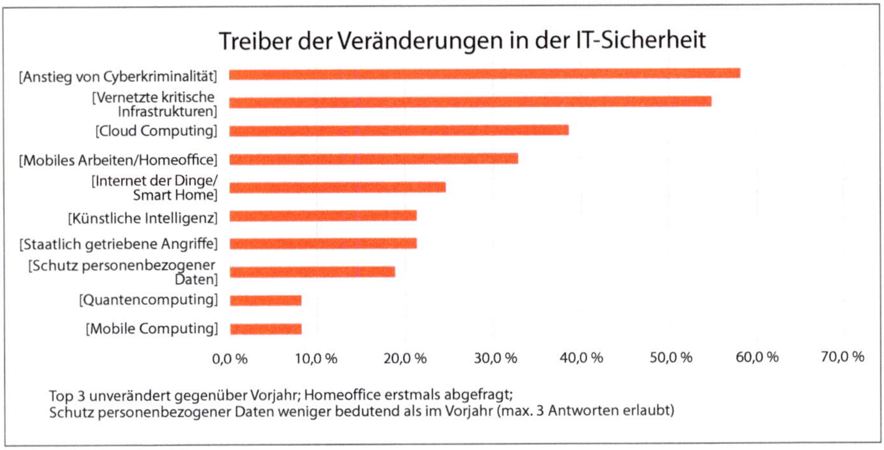

Abb. 12: *Anstieg von Cyberkriminalität ist der erwartete Haupt-Treiber des Wandels in der IT-Sicherheit (Bild: eco-Verband)*

7/3.1 BKA-Ausblick auf die zukünftige Bedrohungslage

Im Bundeslagebild Cybercrime 2021 gibt das BKA (Bundeskriminalamt) auch einen Ausblick auf die erwartete Entwicklung der Internetkriminalität, die auch deutlichen Einfluss auf den Datenschutz haben wird und ein wesentliches Cyberrisiko darstellt:

- Cyberangriffe können vielfach zu existenzbedrohenden Notlagen führen, insbesondere für Unternehmen. Der längerfristige Ausfall staatlicher Dienstleistung kann auch spürbare Auswirkungen für die Bevölkerung mit sich bringen.
- Die Verzahnung internationaler Lieferketten sowie die fortschreitende Digitalisierung, u.a. auch durch die Corona-Pandemie, schafft eine Vielzahl neuer Tatgelegenheiten für Cyberkriminelle.

- Mit steigender Professionalität der Täter steigt die Anzahl erfolgreicher Angriffe und damit auch die Höhe des verursachten Schadens sowie die spürbaren Auswirkungen auf das alltägliche Leben der Bevölkerung.
- Insbesondere der Angriffskrieg Russlands gegen die Ukraine und dabei eingesetzte hybride Angriffsformen sowie Aktivitäten beteiligter Cyberakteure verdeutlichen die Auswirkungen aller Arten von Cyberangriffen, die auch über Ländergrenzen hinweg reichen.
- Eine enge und vertrauenswürdige Kooperation zwischen staatlichen Behörden und privaten Unternehmen ist die Grundvoraussetzung für eine Implementierung effektiver Maßnahmen zur Eindämmung der Cybercrime.

8 Kurzglossar

Advanced Persistent Threats (APTs)

Advanced-Persistent-Threat-(APT-)Attacken sind fortgeschrittene Attacken (Advanced), denn sie geschehen nicht ziellos, sondern basieren auf fundierten Recherchen über die Angriffsziele.

APT-Attacken sind hartnäckig und dauerhaft (Persistent), denn die Angreifer suchen immer neue Wege und umgehen die Sicherheitsmaßnahmen, wo immer es geht. Dazu starten sie über lange Zeiträume immer neue Versuche.

APT-Attacken sind eine Gefahr (Threats), denn sie zielen ganz bewusst auf das Ausspionieren vertraulicher Daten, die so sensibel sind, dass die Opfer schweren Schaden nehmen, wirtschaftlich und hinsichtlich ihres Unternehmensrufs.

Anti-Malware-Programm

Der Einsatz spezialisierter Sicherheitssoftware zur Bekämpfung von Schadsoftware oder Malware gehört zu den Basissicherheitsmaßnahmen vieler IT-Sicherheitsstandards und wird unter anderem im IT-Grundschutz des Bundesamtes für Sicherheit in der Informationstechnik (BSI) gefordert.

Umgangssprachlich hat sich der Begriff „Virenschutzprogramm" oder „Antivirenprogramm" durchgesetzt, obwohl dieser Begriff mittlerweile irreführend ist, denn moderne Anti-Malware-Programme schützen nicht mehr nur gegen die klassischen Schadprogramme wie Viren und Würmer, sie sind auch in der Lage, andere unerwünschte Inhalte wie Trojaner, Spyware oder Spam zu erkennen und, zumindest teilweise, die Tarnkappenfunktionen von Rootkits aufzudecken.

Es ist dringend davon abzuraten, auf den Einsatz von Anti-Malware-Programmen zu verzichten. Anti-Malware-Programme können jedoch ein falsches Gefühl der Sicherheit vermitteln, denn sie bieten keinen vollständigen Schutz vor Malware. Deshalb sind weitere IT-Sicherheitslösungen zur Erkennung von Attacken notwendig.

Neue Anti-Malware-Programme setzen ganz oder zumindest teilweise Machine Learning (ML) und Künstliche Intelligenz (KI) zur Erkennung von Schadsoftware ein. Je nach Lösung und Anbieter gibt es dann keine täglichen Aktualisierungen der Signaturen (Signatur-Update) mehr, sondern nur noch eine Aktualisierung der ML- und KI-Komponenten ein- oder zweimal im Jahr.

Dieser völlige Verzicht auf Signatur-Updates ist unter IT-Sicherheitsexperten umstritten.

Anti-Phishing

Anti-Phishing ist die Gesamtheit der Abwehrmethoden gegen Attacken, die Passwörter ausspionieren wollen. Um Phishing-Attacken erkennen zu können, durchsuchen Anti-Phishing-Lösungen zum Beispiel eingehende E-Mails nach bestimmten Schlagworten und Kennzeichen für Passwort-Attacken.

Phishing als Diebstahl von Passwörtern ist nicht nur über E-Mail möglich. Passwörter werden auch über verseuchte Nachrichten in sozialen Netzwerken wie Facebook gestohlen. Zudem können manipulierte Apps bei Smartphones und Tablets ebenfalls Passwörter ausspähen. Anti-Phishing muss auf allen digitalen Kommunikationskanälen stattfinden.

Solange das Nachrichten-Scanning verhältnismäßig und im Rahmen des Datenschutzes erfolgt, ist es eine sinnvolle Schutzmethode. Doch das Nachrichten-Scanning kann auch zu weit getrieben werden und die Nutzer ausforschen.

Botnetz

Ein Rechner, der durch einen unbefugten Dritten ferngesteuert wird, verhält sich wie ein Roboter, man spricht auch von bösartigen Bots. Manchmal werden entsprechend missbrauchte Rechner auch Zombie-PCs genannt, um die Willenlosigkeit bei ihren Aktivitäten zu verdeutlichen. Gemeinsam mit zahlreichen anderen missbrauchten Computern bildet der illegal ferngesteuerte Rechner ein ganzes Netzwerk aus bösartigen Bots, ein sogenanntes Botnetz, im Englischen Botnet. Besonders brisant an einem Botnetz ist, dass die Benutzer und Eigentümer der betroffenen Computer meist nichts von diesem Missbrauch merken und so unbewusst an Computerstraftaten beteiligt werden können.

Als Bot werden aber auch die Webroboter bezeichnet, die zum Beispiel für Suchmaschinen automatisiert nach neuen Inhalten fahnden. Es gibt deshalb gutartige Bots und bösartige Bots, die voneinander bei Erkennung und Abwehr unterschieden werden müssen, da gutartige Bots in der Regel zu erwünschten Zugriffen bei Online-Diensten führen, die nicht blockiert werden sollen.

Cybersicherheit

Cybersicherheit ist von der klassischen IT-Sicherheit zu unterscheiden. Das BSI (Bundesamt für Sicherheit in der Informationstechnik) definiert „Cyber" oder den „Cyberraum" so: Der Cyberraum umfasst sämtliche mit dem Internet und vergleichbaren Netzen verbundene Informationstechnik und schließt darauf basierende Kommunikation, Anwendungen, Prozesse und verarbeitete Informationen mit ein.

Entsprechend geht es im Gegensatz zur klassischen IT-Sicherheit bei der Cybersicherheit also um die Absicherung vernetzter Informationstechnik und der darauf basierenden Kommunikation, Anwendungen, Prozesse und verarbeiteten Informationen. Meist findet die Vernetzung über das Internet statt. Mit der Vernetzung und insbesondere dem Internet kommen neue Risiken, die die IT und die Daten bedrohen können. Hier kommt die Cybersicherheit ins Spiel.

DDoS-Gefahren

DDoS-Attacken (Distributed Denial of Service) haben das Ziel, dass zum Beispiel der Webserver des attackierten Unternehmens unter der Last der Aufrufe zusammenbricht. Internetkriminelle führen dazu massenhafte Verbindungsaufrufe als Angriff durch. Meist erfolgt der Angriff von mehreren Stellen gleichzeitig, sodass man von einem verteilten Angriff spricht, einer Distributed-Denial-of-Service-Attacke.

DDoS-Attacken stören zunehmend die Internet- und Datenverbindungen von Unternehmen und Behörden. Auch Homeoffices (Heimarbeitsplätze) und mobile Arbeitsplätze werden vermehrt durch DDoS-Attacken gestört, zum einen durch Unterbrechung der Fernzugänge, zum anderen durch Angriffe auf die weniger geschützten (mobilen) Endgeräte selbst.

Das gefährdet auch die geforderte Verfügbarkeit personenbezogener Daten und die Belastbarkeit der genutzten Dienste. DDoS-Abwehr gehört deshalb unter anderem zur Gewährleistung der Verfügbarkeit und der Belastbarkeit.

Detection

Detection steht für die Erkennungsfunktion und definiert die geeigneten Aktivitäten, um das Auftreten eines Cybersicherheitsereignisses zu identifizieren. Die Erkennungsfunktion ermöglicht die rechtzeitige Erkennung von Cybersicherheitsereignissen.

Drive-by-Download

Als Download im Vorbeigehen oder Drive-by-Download bezeichnet man eine Online-Attacke, für die der einfache Besuch einer Website, also das Öffnen der Internetseite mit dem Webbrowser, ausreicht. Es müssen keine Hyperlinks angeklickt oder Dateien aktiv heruntergeladen werden, um Malware auf den Rechner des Opfers zu übertragen.

Neben der Unterweisung der Internetnutzer über die neuen Gefahren aus dem Web sind es die technischen Maßnahmen, die auf die geänderte Gefahrenlage im Internet abgestellt werden müssen. Antivirenprogramme, die nur die Festplatte überwachen und die Dateianhänge der eingehenden E-Mails überprüfen, reichen nicht aus, um sich vor Drive-by-Downloads zu schützen.

Druckersicherheit

Unter Druckersicherheit versteht man den Status und die Maßnahmen der IT-Sicherheit bei Druckern. Viele Drucker sind Multifunktionsgeräte und bieten gleichzeitig Funktionen für das Kopieren und Scannen. Damit Druckaufträge per Netzwerk übertragen werden können, verfügen viele Drucker über eine Netzwerkverbindung (Netzwerkdrucker). Für die Übertragung der Scan-Ergebnisse als Datei ist ebenfalls eine Netzwerkverbindung erforderlich.

Zusätzlich speichern viele Drucker Daten auf eigenen, integrierten Festplatten und können über Schnittstellen wie Bluetooth angesprochen werden. Entsprechend gehören zur Druckersicherheit auch Netzwerksicherheit, Gerätesicherheit, Festplattensicherheit und Schnittstellensicherheit, um die personenbezogenen Daten auf einem Drucker schützen zu können.

E-Mail-Verschlüsselung

E-Mail ist weiterhin der wichtigste digitale Kommunikationskanal in den Unternehmen. In den Betreffzeilen, im Text und im Anhang von E-Mails befinden sich häufig vertrauliche Informationen, die geschützt werden müssen. Ohne E-Mail-Verschlüsselung können die vertraulichen Informationen durch Lauschangriffe und Manipulationsversuche gefährdet werden.

E-Mail-Verschlüsselung kann als reine Transportverschlüsselung oder als Ende-zu-Ende-Verschlüsselung umgesetzt sein. Welche Art von E-Mail-Verschlüsselung zum Einsatz kommt, hängt insbesondere vom Schutzbedarf der Informationen ab.

Fehlt die Verschlüsselung, muss man davon ausgehen, dass die Informationen in einer E-Mail so zu lesen sind wie der Text auf einer klassischen Postkarte.

Firewall

Firewalls bilden das Herzstück der Netzwerksicherheit. Zu ihren Funktionen gehören: Zugangskontrolle gegen unerlaubte Zugriffe auf Netzwerkressourcen von außen, Zugangskontrolle auf der Ebene von Netzwerkdiensten (erlaubte/verbotene Dienste und Protokolle) und auf der Ebene von Benutzern, Einschränkung der erlaubten Befehle für bestimmte Dienste und Protokolle (zum Beispiel Upload mit FTP, File Transfer Protocol) sowie Protokollierung und Beweissicherung für durchgeführte Netzwerkverbindungen.

Damit die Firewall möglichst optimal für die Netzwerksicherheit passt, sollte Folgendes beachtet werden:

- Firewall-Änderungen sollten nicht ohne Vorabprüfung erfolgen.
- Die Firewall-Regeln sollten so einfach wie möglich definiert werden, um Fehlkonfigurationen zu vermeiden.

- Firewall-Änderungen sollten mit Begründung, Durchführendem und Datum dokumentiert werden.
- Die Firewall-Konfiguration sollte regelmäßig geprüft werden.

Innentäter

Innentäter sind Personen, die als Mitarbeiter oder Partner eines Unternehmens oder einer Behörde über bestimmte Berechtigungen verfügen und diese missbrauchen oder sich weitere Zugriffsrechte verschaffen, um unerlaubt auf vertrauliche Informationen zuzugreifen, Daten zu verbotenen Zwecken zu nutzen oder Systeme zu manipulieren.

Der Datendiebstahl durch Innentäter, auch Insider-Attacke genannt, gilt als eines der größten IT-Sicherheitsrisiken. Eine Reaktion vieler Unternehmen besteht darin, eine möglichst umfassende Kontrolle aller Mitarbeiteraktivitäten zu planen. Allein das Risiko durch Innentäter rechtfertigt aber keine dauerhafte und durchgehende Kontrolle aller Beschäftigten oder Partner.

Internetsicherheit

Wörtlich übersetzt bedeutet Internet „Vernetzung zwischen Computernetzen". Das Internet ist also selbst ein Computernetz. Der Datenaustausch zwischen den einzelnen Computern ist über gemeinsame Standards, sogenannte Protokolle, geregelt. So ist sichergestellt, dass ein Rechner den anderen „versteht". Kommunizieren zwei Rechner über die sogenannten Netzwerkprotokolle, werden dabei verschiedene Informationen ausgetauscht.

Das Internet hat eine herausragende Stellung im Geschäfts- und im Privatleben erreicht. Kaum ein anderes Medium beeinflusst die moderne Kommunikation, Informationsbeschaffung und Unterhaltung so stark wie das Internet. Für die sichere Nutzung des Internets sind die Browser-Sicherheit sowie die Sicherheit der Webserver von grundlegender Bedeutung.

Intrusion-Detection-System (IDS)

Intrusion Detection bezeichnet allgemein die Überwachung von Objekten (Gebäude, Netzwerke, IT-Systeme) gegen unbefugtes Eindringen. Dazu werden die wesentlichen sicherheitsrelevanten Ereignisse systematisch erfasst und auf Hinweise bezüglich Sicherheitsverletzungen hin untersucht. Im Verdachtsfall wird Alarm ausgelöst: entweder um den Angreifer abzuschrecken (lauter Alarm) oder um Maßnahmen gegen ihn zu ergreifen, ohne dass er es bemerkt (stiller Alarm).

In der Informationstechnik dient ein Intrusion-Detection-System (IDS) dazu, Angriffe auf Netzwerke, IT-Systeme, Anwendungen oder Informationen zeitnah zu erkennen und Alarm auszulösen. Intrusion-Detection-Systeme, die auf mehrere IT-Systeme verteilt sind, können viele Millionen Ereignisse pro Tag auswerten und erkannte Anomalien miteinander in Beziehung setzen.

IT-Sicherheitsmanagement

Das IT-Sicherheitsmanagement dient der Planung, Durchführung und Kontrolle von IT-Sicherheitsmaßnahmen. Dabei unterstützt ein Informationssicherheitsmanagementsystem (ISMS). Ein ISMS aufzubauen, bedeutet, eigene Erfahrungen und die Erfahrungen anderer im eigenen Bereich (Unternehmen oder Behörde) so zu kommunizieren, dass die Informationstechnik auch bei Eintritt von unerwünschten Ereignissen ohne den Verlust schützenswerter Güter (Assets) weiterbetrieben werden kann.

Der Aufbau eines Sicherheitsmanagements beginnt aus diesem Grund nicht auf der grünen Wiese, sondern es handelt sich im Regelfall um die Weiterentwicklung und Standardisierung des vorhandenen Sicherheitsmanagementprozesses. Ziele beim Aufbau des IT-Sicherheitsmanagements sind eine klare Zuweisung der Verantwortung für IT-Sicherheit auf allen Ebenen und ihre stärkere Verankerung in den IT-Planungs- und Betriebsprozessen.

Kritische Infrastrukturen

Kritische Infrastrukturen (KRITIS) bilden das Grundgerüst für ein funktionierendes Gemeinwesen. Hierzu zählt die Elektrizitätsversorgung ebenso wie das Transportwesen. Damit sind sie grundlegend für die Verfügbarkeit von IT-Services und Daten.

Das Bundesamt für Sicherheit in der Informationstechnik fasst unter dem Begriff der IT-Infrastruktur alle baulich-physischen Komponenten für die Informationsverarbeitung zusammen.

Kritikalität ist ein Maß für die Bedeutsamkeit eines Prozesses in Bezug auf die Konsequenzen, die eine Beeinträchtigung oder ein Ausfall des Prozesses für die Funktionsfähigkeit einer Einrichtung hat.

Eine Infrastruktur wird seitens des Bundesministeriums des Innern eine Kritische Infrastruktur genannt, wenn „sie von wichtiger Bedeutung für das staatliche Gemeinwesen ist und eine Beeinträchtigung zu nachhaltig wirkenden Versorgungsengpässen oder zu erheblichen Störungen der öffentlichen Sicherheit oder zu anderen dramatischen Folgen führen würde".

Managed Security Services

Zunehmend komplexe IT-Risiken, der Mangel an Fachpersonal für die IT-Sicherheit und begrenzte Budgets in den IT-Abteilungen führen dazu, dass Unternehmen ihre Sicherheitssysteme vermehrt durch Dritte betreiben, verwalten und warten lassen. Dieses Outsourcing der IT-Sicherheit, auch Managed Security Services (MSS) genannt, entbindet den Auftraggeber jedoch nicht von den Aufgaben des Datenschutzes. Vielmehr kommen weitere Aufgaben für Datenschutzbeauftragte durch die Kontrolle des Dienstleisters hinzu.

Auch wenn generell hohe Anforderungen an ein Outsourcing gestellt werden sollten, ist die IT-Sicherheit in Form von Managed Security Services ein besonders sensibles Feld. Unzulänglichkeiten in diesem Bereich betreffen unter Umständen die Verfügbarkeit, die Integrität, die Vertraulichkeit, die Authentizität, die Belastbarkeit und die Legitimation sämtlicher Daten und Systeme einschließlich der personenbezogenen Daten.

MITRE ATT&CK

MITRE ATT&CK ist eine Wissensdatenbank, die von Netzwerkverteidigern häufig verwendet wird, wenn sie Sicherheitsbedrohungen analysieren und darüber berichten. Das Verständnis des gegnerischen Verhaltens ist oft ein entscheidender erster Schritt beim Schutz von Netzwerken und Daten, und der Erfolg, den Verteidiger beim Erkennen und Eindämmen von Cyberangriffen haben, hängt von diesem Verständnis ab. Ein solides Verständnis der

Anwendung von ATT&CK kann zur Entwicklung von Profilen der Angreifenden verwendet werden, um Trendanalysen durchzuführen und die Berichterstattung zu Erkennungs-, Reaktions- und Minderungsmaßnahmen zu untermauern.

Mobile Malware

Viren, Trojaner und andere Arten von Schadprogrammen gibt es nicht nur bei Desktop-Computern oder Notebooks. Auch Smartphones und Tablets können davon betroffen sein. Mobile Endgeräte müssen vor Malware geschützt werden, die versuchen könnten, personenbezogene Daten auszuspähen. Mobile Malware kann dabei sogar eine besondere Bedrohung darstellen.

Im Gegensatz zu PCs und Notebooks sind Tablets und Smartphones immer noch unzureichend geschützt. Professionelle mobile Sicherheitslösungen haben bei Weitem noch nicht die Verbreitung erreicht, die entsprechende Schutzprogramme bei Desktop-Computern haben. Smartphone- und Tablet-Nutzer sollten die Risiken durch mobile Schadsoftware aber sehr ernst nehmen. Tatsächlich bieten mobile Endgeräte eine große Angriffsfläche für Schadprogramme.

Mobile Security Tools

Mobile Security Tools sind spezielle Sicherheitswerkzeuge, mit denen sich mobile Endgeräte verwalten lassen und sich die Einhaltung von Sicherheitsrichtlinien kontrollieren lässt. Oftmals werden die Lösungen auch Mobile Device Management (MDM) genannt.

Unternehmen benötigen zur Bewältigung der mobilen Sicherheitsrisiken eine Lösung, die möglichst umfassend den Datenrisiken bei mobilen Endgeräten begegnet. Erforderlich sind:

- sichere und datenschutzgerechte Integration privater Smartphones und Tablets in das Firmennetzwerk, wenn BYOD umgesetzt werden soll
- Vermeidung mobiler Datenverluste und umgehende Reaktion auf mögliche Geräteverluste
- Unterstützung und zusätzliche Absicherung verschiedener mobiler Betriebssysteme

- Verwaltung der mobilen Endgeräte und der darauf gespeicherten Daten, auch für den Fall von BYOD
- Verwaltung der mobilen Apps, mit Unterscheidung privater und betrieblicher Anwendungen
- Durchsetzung der mobilen Sicherheitsrichtlinien auf allen mobilen Endgeräten

Netzwerksicherheit

Eine Datenverarbeitung, die völlig isoliert von anderen IT-Systemen abläuft, ist heute kaum noch vorstellbar. Auch wenn aus Sicherheitsgründen vielleicht auf eine Anbindung an das Internet verzichtet wird, befinden sich die Arbeitsplatzrechner zumindest innerhalb eines internen Netzwerks. In der Praxis ist es häufig der Fall, dass personenbezogene Daten nicht (nur) lokal auf einem Arbeitsplatzrechner gespeichert und verarbeitet werden, sondern dass der Zugriff auf die Daten über ein Netzwerk stattfindet und die Daten sich auf einem Server oder zentralen Speichersystem befinden. Die Netzwerksicherheit ist dabei grundlegend für die Sicherheit der Daten im Netzwerk.

Outbound-Spam und Spam

Spam-Mails werden zu massiven Attacken eingesetzt und entstehen sogar im eigenen Netzwerk. Gerade diese sogenannten Outbound-Spam-Mails, die im internen Netzwerk entstehen, werden noch deutlich unterschätzt. Eine wesentliche Ursache für den Anstieg von Outbound-Spam ist, dass Spammer versuchen, Spam-Mails von seriösen Mailservern aus zu versenden, die noch auf keiner Schwarzen Liste stehen und deshalb mit höherer Wahrscheinlichkeit an ihr Ziel kommen und nicht blockiert werden.

Spam-Mails sind nicht nur ungewollte Werbung oder lästige, sinnlose E-Mails, die im Mail-Postfach stören. In den letzten Jahren hat sich das Spamming deutlich gewandelt. Von ungewollter Werbung ist Spam zunehmend zu einer Form von Internetattacke geworden, meist mit dem Ziel, persönliche Daten des Empfängers zu stehlen, zum Teil aber auch mit dem Ziel, das Netzwerk des Empfängers zu lähmen.

Protection

Protection steht für die Schutzfunktion und umfasst die Sicherheitsvorkehrungen, um die Bereitstellung der IT-Dienste zu gewährleisten. Die Schutzfunktion unterstützt die Fähigkeit, die Auswirkungen eines potenziellen Cybersicherheitsereignisses zu begrenzen oder einzudämmen.

Ransomware

Unter Ransomware versteht man Schadprogramme, die Daten ihrer Opfer verschlüsseln und für die Entschlüsselung Geld erpressen wollen. War es zu Beginn der Attacken noch einfach, die Verschlüsselung der Erpresser zu knacken, sind inzwischen Verschlüsselungsstärken im Einsatz, die kaum noch eine Entschlüsselung ohne Kenntnis des geheimen Schlüssels des Angreifers ermöglichen. Zusätzlich drohen die Angreifer häufig damit, die betroffenen Daten an Dritte zu verkaufen oder öffentlich zu machen, wenn kein Lösegeld bezahlt wird.

Da davon auszugehen ist, dass die Erpresserviren in Zukunft verstärkt eingesetzt werden und mit immer raffinierteren Methoden ausgestattet sein werden, ist die eigentliche Abwehr von Ransomware in der Prävention zu sehen.

Recovery

Recovery steht für die Wiederherstellungsfunktion. Sie umfasst geeignete Aktivitäten, um Pläne für Ausfallsicherheit aufrechtzuerhalten und alle Fähigkeiten oder Dienste wiederherzustellen, die aufgrund eines Cybersicherheitsvorfalls beeinträchtigt wurden. Die Wiederherstellungsfunktion unterstützt die zeitnahe Wiederherstellung des normalen Betriebs, um die Auswirkungen eines Cybersicherheitsvorfalls zu verringern.

Response

Response steht für die Antwort auf ein erkanntes Cybersicherheitsereignis. Die Respond-Funktion umfasst geeignete Aktivitäten, um Maßnahmen in Bezug auf einen erkannten Cybersicherheitsvorfall zu ergreifen. Die Respond-Funktion unterstützt die Fähigkeit, die Auswirkungen eines potenziellen Cybersicherheitsvorfalls einzudämmen.

Rootkit

Ein Rootkit ist eine spezielle Angriffssoftware und dient dazu, an die Administratorrechte und damit an die vollständige Kontrolle über ein System zu gelangen. Der Name Rootkit erklärt sich dadurch, dass man unter Root-Rechten die Administratorrechte an einem System versteht.

Schleust ein Hacker ein Rootkit auf einen Rechner ein, so wird er bei Erfolg zum Administrator und kann Systemänderungen herbeiführen. Meist richtet der Angreifer nach Platzierung eines Rootkits eine Hintertür ins System ein, um später zu jeder gewünschten Zeit zurückkehren zu können.

Eine Angriffsmethode in Verbindung mit Rootkits sieht so aus, dass das Rootkit die Vorhut bildet und das System für den eigentlichen Angriff vorbereitet. So kann im zweiten Schritt zum Beispiel unerkannt ein Keylogger installiert werden, der Passwörter und andere eingetippte Daten mitschreiben kann.

Sandboxing

Mittels Sandboxing werden sichere Umgebungen geschaffen, in denen verschiedene Anwendungen getrennt voneinander betrieben werden können. Man spricht auch von Containering und von Anwendungs-Containern. Das Ziel von Sandboxing ist, dass die Anwendungen innerhalb und außerhalb der Sandbox oder des Containers einander nicht beeinflussen können.

Ein Anwendungsfall ist die Überprüfung verdächtiger Programme, ob es sich um Schadprogramme (Malware) handelt. Dazu wird die verdächtige Anwendung innerhalb einer Sandbox ausgeführt und das Verhalten kontrolliert. Ein weiterer Anwendungsfall, der für den Datenschutz wichtig ist, ist die Trennung privater und betrieblicher Applikationen über Sandboxing bei Bring Your Own Device (BYOD).

Security Information and Event Management (SIEM)

Ein Security Information and Event Management (SIEM) sammelt sicherheitsrelevante Log-Dateien und Informationen aus verschiedenen Systemen, verdichtet die Daten in definierter Weise, erzeugt Sicherheitsberichte, stellt Zusammenhänge zwischen Sicherheitsinformationen und -ereignissen her, meldet und warnt in vorgegebener Weise beim Vorliegen bestimmter Ereignisse und beim Überschreiten bestimmter sicherheitsrelevanter Werte und kann weitere Prozesse innerhalb eines Workflows anstoßen.

Um aktuelle Ereignisse besser bewerten zu können und um bei der Unterstützung der Abwehr von Attacken auf personenbezogene Daten eine Hilfe zu sein, bieten verschiedene SIEM-Systeme die Integration aktueller Sicherheitsinformationen zur Bedrohungslage im Internet (Security Intelligence). Dabei werden Regelwerke und Schwellenwerte für Meldungen und Alarmierungen in Echtzeit vom SIEM-Anbieter aktualisiert.

Security-Tools

Um die IT-Sicherheit und den Datenschutz in den zunehmend komplexen IT-Systemen gewährleisten zu können, empfiehlt sich der Einsatz von speziellen Softwarewerkzeugen, oft auch Security-Tools genannt. Diese Sicherheitswerkzeuge bieten in der Regel eine automatisierbare Unterstützung zur Erhöhung der Datensicherheit.

Dabei kann man Security-Tools zum einen in der Form unterscheiden, dass sie bereits im jeweiligen Betriebssystem integriert sind oder als zusätzliche Software installiert werden sollten. Zum anderen unterscheiden sich Security-Tools in ihren speziellen Aufgaben wie Zugriffsschutz, Aufspüren von Spyware, Abwehr von Schadprogrammen oder Webfilterung. Nicht jede Lösung im Bereich Datensicherheit bietet gleich viel Schutz für personenbezogene Daten. Manche unterscheiden sich nur in Details. Andere hingegen weichen stark von den Erwartungen des Nutzers ab, zum Teil bieten sie sogar nur trügerische Sicherheit.

Standards zur IT-Sicherheit

Standards für die IT-Sicherheit spielen insbesondere für den Aspekt „Aufbau eines Informationssicherheitsmanagementsystems" (ISMS) eine zentrale Rolle, insbesondere ISO/IEC 27001. Mit der Einführung eines ISMS gemäß Standard ISO/IEC 27001 wird nachhaltig die Identifikation und Behandlung von Risiken der Informationssicherheit optimiert.

Die Liste der zusätzlich zu beachtenden Regelwerke nach deutschem und internationalem Recht ist umfangreich und bedarf einer grundsätzlichen Betrachtung durch jedes Unternehmen. Da Verstöße gegen derartige Regelwerke und gesetzliche Vorschriften weitreichende Konsequenzen haben können, ist für viele Unternehmen die Einhaltung der Vorschriften ein äußerst wichtiger Aspekt.

Verschlüsselung

Ziel der Verschlüsselungsverfahren ist es, Daten in einer solchen Weise einer mathematischen Transformation zu unterwerfen, dass es einem Angreifer nicht möglich ist, die Originaldaten aus den transformierten Daten zu rekonstruieren. Damit die verschlüsselten Daten für ihre legalen Benutzer noch verwendbar bleiben, muss es diesen jedoch möglich sein, durch Anwendung einer inversen Transformation aus ihnen wieder die Originaldaten zu regenerieren (Entschlüsselung).

Virtuelles Privates Netzwerk (VPN)

Bei Virtual Private Networks (VPN) handelt es sich um Lösungen, bei denen ein öffentliches Netz wie das Internet genutzt wird, um private Netze oder einzelne Clients und Server miteinander zu verbinden. Obligatorisch ist dabei eine zusätzliche Verschlüsselung auf diesem Übertragungsweg, sodass trotz der Nutzung des öffentlichen Netzes eine abhörsichere Kommunikation zwischen VPN-Nutzern möglich ist. Gerade bei Remote Work, Hybrid Work und Homeoffice spielen VPN-Dienste eine zentrale Rolle für die Verbindung zum Unternehmensnetzwerk.

Zero Trust

Das sogenannte Zero-Trust-Konzept bedeutet, dass man keiner IT-Komponente mehr dauerhaft vertrauen soll, keinem Rechner, keiner Anwendung, ganz gleich, ob die IT extern oder intern ist.

Zentrale Bausteine von Zero Trust sind die Nutzer-Zugangskontrolle (mit Mehr-Faktor-Authentifizierung, MFA), die Überwachung von Nutzeraktivitäten und die sehr genaue Vergabe von Berechtigungen (Prinzip der minimalen Berechtigungen, Need-to-know-Prinzip). Alle Geräte und Anwendungen werden so behandelt, als seien sie von Dritten, ob sie nun extern oder intern genutzt werden.

Die Berührungspunkte mit dem Datenschutz sind offensichtlich: Man will möglichst viel über den Nutzer und seinen Kontext wissen, um ihm Vertrauen schenken zu können.

9 WEKA-Produktwelt Cybersicherheit

Um regelmäßig über Cyberrisiken und Cybersicherheit informiert zu bleiben, bieten sich an:

- **Cybersicherheit für den Datenschutzbeauftragten**

Der moderne Datenschutz in Zeiten der Digitalen Transformation kann nicht mehr über Cyberrisiken und Cyberattacken hinwegsehen. Vielmehr muss der Schutz vor Cyberangriffen und die Minderung von Cyberrisiken als elementarer Teil des Datenschutzes verstanden werden. Erfahren Sie deshalb jetzt, wie Cybersicherheit und Datensicherheit genau zusammenhängen, welchen Risiken personenbezogene Daten im Cyberraum ausgesetzt sind, wie Cyberangriffe zu Datenschutzverletzungen führen, welche Cyberrisiken eine besondere Bedrohung für den Datenschutz darstellen, wie Sie als Datenschutzbeauftragte/r an der Einführung und Weiterentwicklung Ihrer Cybersicherheitsmaßnahmen konkret mitwirken können und wie die Zukunft der Cybersicherheit aussehen wird.

www.weka.de/7539

- **IT-Know-how für den Datenschutzbeauftragten – umfassendes IT-Wissen für den Datenschutzbeauftragten**

Die Datenschutz-Grundverordnung (DSGVO) fordert Sicherheitsmaßnahmen nach dem Stand der Technik. Doch woher wissen Sie als Datenschutzbeauftragte/r, was Stand der Technik ist? Dieses Werk unterstützt Sie als Datenschutzbeauftragte/n dabei, mit den großen Herausforderungen, den technischen Entwicklungen und der aktuellen Bedrohungslage Schritt zu halten. Bleiben Sie mit „IT-Know-how für den Datenschutzbeauftragten", Ihrem zuverlässigen, stets aktuell informierten und gut verständlichen Berater in allen Fragen der IT-Sicherheit, am Ball.

www.weka.de/7531

- **Datenschutz PRAXIS – die Zeitschrift für Datenschutzbeauftragte:**

Theorie war gestern – wir unterstützen Sie im DSB-Alltag!

Die Fachzeitschrift bietet jeden Monat schnell lesbares Know-how auf 20 Seiten und eine Download-Flat für Arbeitshilfen, Checklisten u.v.m.

- Leicht verständlich ohne Juristen- oder Admin-Deutsch
- Alles zur EU-Datenschutz-Grundverordnung + Best Practice zur Umsetzung
- Tipps & Tricks für Mitarbeiterschulungen, Datenschutz-Kontrollen u.v.m.
  Die Zeitschrift, die Sie in Ihrem Datenschutzalltag voran bringt!

www.datenschutz-praxis.de

- **IDACON 2022 – 22. Kongress für Datenschutz 17.–19. Oktober 2022 in München**

Die IDACON bietet Ihnen durch ihr vielfältiges Programm eine maximale Wissensaufnahme. Neben den übergreifenden Plenumsvorträgen können Sie zwischen zwei parallelen Fachforen wechseln und so praxisrelevantes Wissen mit in das Unternehmen nehmen. Auch in diesem Jahr haben wir dem Kongress folgend ein Intensivseminar-Tag für Sie. In den 4 Intensiv-Seminaren werden die Themenschwerpunkte der IDACON vertiefend betrachtet und Lösungskonzepte erarbeitet.

Das Programm der IDACON wird Sie mit aktuellen Vorträgen und Top-Speakern begeistern. Freuen Sie sich auf neues Wissen, viele Impulse, neue Kontakte und die Diskussionen auf Augenhöhe.

Die Top-Themen 2022:

- **Cyberangriffe als Datenschutzrisiko**
  Bedrohungen durch Phishing, Trojaner & Co.
- **Bezahlen mit Daten – ist der Vertrag die bessere Einwilligung?**
  Was sind Daten in Euro wert?
- **Cloud Computing vs. Datenschutz**
  Datenschutz und Datensicherheit – ohne Risiko?
- **Auskunft nach Art. 15 DSGVO**
  Guidelines 01/2022 und nationale Rechtsprechung
  Kommen Sie zur 22. IDACON! Anmeldung unter:

www.idacon.de

- **Datenschutz PRAXIS – der Podcast:**

Besser mal nachfragen: Im Podcast von Datenschutz PRAXIS stellen wir Experten und Verantwortungsträgern aus den Aufsichtsbehörden, aus der Wissenschaft und führenden Datenschutzkanzleien Fragen zu allen Datenschutzbelangen – jedoch immer mit Bezug zur Praxis.

Besuchen Sie unsere Podcastseite mit vielen Folgen zum Themenfeld Cybersicherheit und Datenschutz. Hören Sie doch mal rein unter:

www.datenschutz-praxis.de/podcasts

Stichwortverzeichnis

N

O

P

R

S